EBERHARD JÜNGEL

Allerneuende Klarheit

Predigten VII

RADIUS

Eberhard Jüngel, geboren 1934 in Magdeburg, emeritierter Professor für Systematische Theologie und Religionsphilosophie und Direktor des Instituts für Hermeneutik an der Universität Tübingen, war Ephorus des Evangelischen Stifts in Tübingen. Seit 2009 Kanzler des Ordens Pour le mérite für Wissenschaften und Künste.

Im Radius-Verlag liegen folgende Bücher des Autors vor:

Anfänger. Herkunft und Zukunft christlicher Existenz
Beziehungsreich. Perspektiven des Glaubens
Erfahrungen mit der Erfahrung
sowie seine Predigtbände
… weil es ein gesprochen Wort war … Predigten 1
Geistesgegenwart. Predigten 2
Schmecken und Sehen. Predigten 3
Unterbrechungen. Predigten 4
… ein bißchen meschugge … Predigten 5
Zum Staunen geboren. Predigten 6
Allerneuende Klarheit. Predigten 7
Unterwegs im Kirchenjahr. Predigten von Advent bis Totensonntag

ISBN 978-3-87173-347-5

Umschlag: André Baumeister
Gesamtherstellung: CPI, Clausen & Bosse, Leck
Printed in Germany

Rudolf Smend,
dem – gelehrten – Nachbarn im Predigtamt

Inhalt

Vorwort

»Allerneuende Klarheit« – der Titel dieses Predigtbandes ist demjenigen der »Vaterländischen Gesänge« Friedrich Hölderlins entnommen, in dem der Dichter den im Februar 1801 doch noch zustandegekommenen Friedensschluß von Luneville begrüßt: »Versöhnender, der du nimmergeglaubt, nun da bist…« Für Hölderlin war der durch politische Diplomatie ermöglichte »selige Friede« alles andere als selbstverständlich: »Dies eine weiß ich, Sterbliches bist du nicht…, wenn aber ein Gott erscheint…, kömmt allerneuende Klarheit«. Bei »Klarheit« muß man an die »Herrlichkeit« denken, die zur Gottheit Gottes gehört, und zwar so, daß der Ehre Gottes in der Höhe auf Erden der Frieden entspricht, der höher ist als alle Vernunft: »das Hohe, das mir die Knie beugt«. Diesem »Hohen« nachzudenken und nachzufolgen – dazu wollen die in diesem Band vereinigten Texte ermutigen.

Ich habe diesmal den *Predigten* zwei Reden hinzugefügt, die auf ihre Weise ebenfalls Homilien, allerdings sehr weltliche Homilien sind, nämlich zwei Trauerreden, die im Unterschied zu der dritten hier abgedruckten Trauerrede – nicht in einem christlichen Gottesdienst gehalten wurden. Doch wenn »allerneuende Klarheit« kommt und uns nahe kommt, entsteht zwischen dem, was wir als »geistlich« und als »weltlich« zu unterscheiden pflegen, eine Nachbarschaft, die für jenen Frieden kennzeichnend sein dürfte, der höher ist als alle Vernunft und gerade deshalb vernünftig macht.

Dem Radius-Verlag danke ich für die Intransigenz, ohne die dieser Band nicht erschienen wäre. Und ich verbinde diesen Dank mit dem Hinweis, daß man das, was man seit einiger Zeit »Jüngels Theologie« zu nennen pflegt, am ehesten in seinen *Predigten* kennenlernen kann.

Tübingen, im August 2009

Eberhard Jüngel

Psalm 73,23f.

Du hältst mich bei meiner rechten Hand … und nimmst mich am Ende in Ehren an.

Mit dieser Predigt geht unsere Berliner Predigtreihe über das kirchliche Sündenregister zu Ende, liebe Gemeinde. *Gott sei Dank* – müßte jetzt eigentlich ein psychisch halbwegs gesunder Mensch zumindest halblaut vor sich hin murmeln. Ich möchte es nicht nur halblaut murmeln, sondern laut und deutlich sagen: *Gott sei Dank, das Sündenregister ist zu Ende!*

Doch da bin ich wohl eher in der Minderzahl. Sündenregister haben allemal Konjunktur. Denn wenn uns die Leviten gelesen werden, wenn »wider die Sünde« gepredigt wird, dann denken wir – seien wir ehrlich! – doch in der Regel an die Sünden der Anderen: an die Sünde der bösen Nachbarn nebenan oder an die Sünden derer, die ganz oben sind und viel wirtschaftliche und politische Macht haben. Und zum Beispiel ihr Geld nicht angemessen versteuern. Wenn denen die Leviten gelesen werden – ja, das jückt das Ohr, das erfüllt uns irgendwie mit tiefer Genugtuung, wenn nicht gar mit Schadenfreude.

Aber *ich* – das ist, bitte sehr, eine ganz andere Sache. Nicht daß ich *ohne Sünde* wäre, *sündlos,* wie Jesus Christus es nach dem Zeugnis des Neuen Testaments gewesen sein soll. Nein, nein: ein Sünder bin auch ich. Der »alte Adam« ist auch in mir lebendig und am Werk. Doch *meine* Fehltritte, *meine* Sünden gehen niemand etwas an, niemand als mich allein.

Wer so argumentiert, hätte sogar Recht, wenn er nur zwei – allerdings entscheidende – Wörter hinzufügen würde: meine Sünden gehen niemand etwas an, niemand als mich *und Gott.* So ist es: meine ureigenen Sünden gehen in der Tat nur Gott und mich etwas an. Vergehen gegen andere Menschen, Übertretungen des bürgerlichen Gesetzes und erst recht natürlich schwere Verbrechen – die gehen auch andere etwas an: den Staatsanwalt, die Richter und die Schöffen zum Beispiel. Und vor allem die Opfer meiner bösen Taten. Doch wenn ich mein eigenes Fehlverhalten, meine eigenen Untaten als Vergehen gegen Gottes heiligen Willen und also als Sünde erkenne, dann geht das nur Gott und mich selbst etwas an. Dann bin ich mit meinem Gewissen ganz allein: ganz allein vor Gott.

Aus diesem Grund gibt es in der christlichen Kirche das Beichtgeheimnis. Wenn ich einem Pfarrer, einer Pfarrerin oder einem anderen Christenmenschen meine ureigenen Sünden beichte, dann vertritt dieser Mensch Gott selbst, dann wird das menschliche Ohr Gottes eigenes Ohr. Und was Gott da zu hören bekommt, das geht nun wirklich nur ihn selbst an, ihn selbst und mich selbst. Deshalb: Wehe dem Pastor oder der Pastorin, wehe dem Christenmenschen, der ausplaudert, was ihm der Sünder gebeichtet hat!

Meine Sünden interessieren natürlich die bösen Nachbarn und erst recht die vermeintlich guten Nachbarn. Doch mag es sie alle die Ohren jücken – es geht sie nichts an. Aber das gilt eben genauso für die Sünden der bösen Nachbarn. Und es gilt ebenso für die Sünden »der da oben«. Sie gehen mich nichts an. Das unterscheidet die Kirche von der Welt: Wenn in der Kirche von Sünden die Rede ist, dann nicht, um den Sünder oder die Sünderin *bloßzustellen,* sondern um ihnen ihre Sünden *zu vergeben,* auf daß sie, befreit von ihrer Schuld, wieder richtig *leben* können. Denn deshalb werden im Namen Gottes Sünden vergeben: Damit »von Schuld und Fehl befreit« wir wieder *leben,* mit Freude und Lust leben können.

Und deshalb ist ein christlicher Gottesdienst etwas ganz anderes als das Verlesen von »Sündenregistern«. Solche »Sündenregister« haben nur dann einen Sinn, wenn sie darüber aufklären, *was* das eigentlich ist: Sünde.

Und das geht nun allerdings uns alle an, und zwar auch die, die der Kirche – aus welchen Gründen auch immer – ferne stehen. Sünde – was ist das? Diese Frage geht alle Menschen und sie geht alle Menschen unbedingt an.

Und insofern ist es recht und heilsam, daß in dieser Fastenpredigtreihe über die Sünde aufgeklärt wurde, indem wider die Sünde als Trägheit, als Neid, als Habgier, als Unkeuschheit und als Hoffart gepredigt wurde. Nur über die Sünde als Unglaube, die doch nach Luthers Urteil die Sünde schlechthin ist, wurde seltsamer Weise nicht gepredigt. Noch nicht...

Aber jetzt? Nein, jetzt soll ja die Erinnerung an das kirchliche Sündenregister mit einer Predigt »wider die Verzweiflung« abgeschlossen werden. Doch daraus wird nichts.

Warum nicht? Lassen sie es mich zunächst ganz trivial erklären.

Kann man denn gegen das Wetter predigen? Wenn es regnet, dann regnet es. Und wenn es stürmt, dann stürmt es eben. Und zwar auch dann, wenn der Pastor auf der Kanzel dagegen anreden und also eine Predigt »wider das Unwetter« halten würde. Man kann um gutes Wetter *bitten,* um Gesundheit der Luft, wie es in einem alten Gebet heißt. Aber man kann keine Predigt »wider das schlechte Wetter« halten. Das wäre schlicht Blödsinn.

Oder um es noch trivialer, dafür aber etwas lustiger zu sagen: Es gibt eine einst häufig, aber auch heute noch ab und an aufgeführte Operette, in der ein ungewöhnlich schöner Berliner Jüngling – so etwas soll es wirklich geben! – bei seinem ersten Auftritt ebenso selbstbewußt wie überzeugend singt: »Was kann der Sigismund dafür, daß er so schön ist? Was kann der Sigismund dafür, daß man ihn liebt?« Antwort: gar nichts.

Nicht in die Operette, sondern eher in eine Tragödie könnte die Frage gehören: »Was kann der Verzweifelnde dafür, daß er verzweifelt? Was kann der Verzweifelnde dafür, daß er sich selbst nicht liebt?« Antwort: gar nichts. Denn Verzweiflung kann man dem Verzweifelten nicht *zum Vorwurf machen.*

Maßlose Trägheit, Neid, Habgier, Unkeuschheit, Hoffart – das alles kann ich nicht nur anderen, sondern auch mir selbst zum Vorwurf machen. Jedes dieser »Kapital-Laster«, wie man diese Sünden einst nannte, kann ich, wenn es denn der Fall ist, mir vorwerfen. Und deshalb gehören sie in der Tat ins kirchliche »Sündenregister«. Denn Sünde ist immer etwas, was ich mir selber *vorzuwerfen* habe.

Verzweiflung aber, die einen Menschen überfällt oder in die er langsam aber sicher abgeglitten ist – die kann ich weder einem anderen Menschen noch mir selbst *zum Vorwurf machen*. Sie gehört nicht ins kirchliche »Sündenregister«.[1] Wer die Verzweiflung dennoch als Sünde denunziert, hat irgend etwas durcheinander gebracht. Und wie leicht bringt man hier einiges durcheinander! Zum Beispiel Zweifel und Verzweiflung!

Über meine *Zweifel* kann ich mit anderen Menschen disputieren. Und manchmal können in einem solchen Disput meine Zweifel sogar widerlegt werden. Doch *Verzweiflung* kann man nie und nimmer widerlegen. Zweifel gelten immer nur diesem oder jenem Sachverhalt, dieser oder jener Behauptung, manchmal auch dieser oder jener Person, der ich mißtraue. Doch die *Verzweiflung*, die erfaßt mich selbst, und zwar ganz und gar. In meiner *Verzweiflung* bin ich mit mir selbst ganz allein. Sie erzeugt eine Einsamkeit sondersgleichen. In dieser Einsamkeit gibt es nur mich und sonst gar nichts.

Doch was heißt hier »gar nichts«? Der Verzweifelnde *erfährt* dieses Nichts. Er erfährt es als ein ödes und verödendes Nichts, das nicht mehr klein sondern groß geschrieben zu werden verlangt: ganz groß. Es ist höchst agil. Dieses Nichts ist nicht nur *neben* mir, sondern es nistet sich *in* mir ein, und zwar in allen meinen Lebensvollzügen.

Selbst wenn ich glücklich bin, ist mitten im Glück auch schon der Zunder da, der nur eines einzigen Funkens bedarf, um mich in die tiefste Verzweiflung zu stürzen. So würde wohl der Verzweifelte selber reden, wenn er denn reden könnte. Søren Kierkegaard, der das konnte, hat behauptet,

---

[1] Selbst ein katholisches Lexikon, das all die anderen in dieser Predigtreihe vorgeführten kapitalen Laster oder Todsünden aufführt, notiert kritisch, daß man im Mittelalter »aus exegetischer Unkenntnis (!) die Verzweiflung als Sünde wider den Hl. Geist« bezeichnet habe (LThK 10, 1965, 735).

das sei sogar »die liebste, die begehrteste Wohnstatt« der Verzweiflung: »zu allerinnerst im Glück«. Und es bedarf dann nur eines »beinahe achtlos hingeworfenen halben Wortes«, um dem selbst im innersten Kern des Glücks schlummernden öden Nichts Leben einzuhauchen und es stark zu machen: so stark, daß es mich – wie ein Strudel im sonst so ruhig dahin fließenden Fluß – erfaßt und hinabzieht.

Und dann tritt an die Stelle des eben noch in allen Farben leuchtenden Glücks das triste Grau in Grau der Verzweiflung. Dann erstarren die bisher so liebenswerten Gesichter der mir wohlgesonnenen Menschen zu nichtssagenden Masken. Und selbst die freundlichsten Worte gerinnen zu einer eintönigen Litanei, die mir nichts, aber auch gar nichts zu sagen vermag.

Nichts mehr zu sagen hat auch der Verzweifelnde selbst. Ihm bleiben die Worte im Halse stecken. Und wenn doch noch ein Seufzer oder irgendein sinnverlorenes Gemurmel aus dem Mund des Verzweifelnden zu vernehmen ist, dann ist es nur ein letztes hilfloses Wort vor dem Verstummen. Das, liebe Gemeinde, ist das Schlimmste an der Verzweiflung: der ganz und gar Verzweifelte kann nicht einmal mehr klagen.

Da muß schon ein *Wunder* geschehen, wenn der Verzweifelte wieder den Mut gewinnt, wenigstens zu klagen. Und für Wunder ist *Gott* zuständig. Goethe hat die Verzweifelnden daran erinnert. Er hat es mehrfach und zuletzt noch einmal in seiner *Marienbader Elegie* eindringlich formuliert:

»Und wenn der Mensch in seiner Qual verstummt,
Gab mir ein Gott, zu sagen, was ich leide.«

So muß es wohl auch dem Beter des 73. Psalms ergangen sein, der sich selber attestiert, im Innersten verödet zu sein und der in nichts mehr einen Sinn zu erkennen vermag: ohne jedes Verständnis für die Welt, ohne jedes Verständnis für Gott und ohne jedes Verständnis für sich selbst. »Wie Vieh war ich vor Dir« (V. 21f.). Aber dieses verzweifelte Ich vermag immerhin noch dies: es vermag zu klagen. Auch diesem in seiner Verzweiflung verstummenden Ich gab offensichtlich sein Gott zu sagen, *was* es leidet. Und *wie* es leidet.

Und wie macht Gott das? Wie gibt er dem in seiner Qual Verstummten die Sprache zurück, so daß er nun wenigstens zu klagen und klagend zu sagen vermag, was und wie er leidet?

Die Antwort ist für Protestanten einigermaßen überraschend. Denn sie ist überaus sinnlich. Nicht ein göttliches *Wort* kommt dem Verzweifelnden zu Hilfe, sondern ein sinnlicher Kontakt von Hand zu Hand. »Du hältst mich bei meiner rechten Hand.« Da ist also neben mir noch die Hand eines Anderen! Also ist es *nicht wahr*, daß neben mir nur noch das Nichts ist. Solange es noch einen Händedruck gibt, ist auch ein anderes Ich noch neben mir.

Das haben wir doch schon in unserer Kindheit erfahren, als Verzweiflung in der Regel noch kein Thema war, wohl aber Verzagtheit und große, manchmal sogar über-große Ängstlichkeit. Ich erinnere mich dankbar an die starke Hand meiner Mutter, deren Stärke identisch war mit ihrer Fürsorge und ihrer Güte.

Als meine Mutter mich gegen Ende des zweiten Weltkrieges aus der schulisch angeordneten Evakuierung ins Magdeburger Elternhaus zurückholte, überraschte uns kurz vor dem Ziel ein Bombenalarm. Wir mußten den Zug verlassen und standen eng gedrängt im Tunnel des Magdeburger Vorstadtbahnhofes. Die Bomben fielen und ich zitterte am ganzen Leib. Da ergriff meine Mutter, deren Herz wohl auch zitterte, meine rechte Hand. Und ich wußte mich gehalten. Die *Fürsorge* der Mutter für den unmündigen Knaben hatte die Hand der Mutter *stark* gemacht. Güte und Fürsorge, liebe Gemeinde, erzeugen allemal starke Hände. Fürsorge und Güte machen selbst schlaffe Hände stark.

Es müssen übrigens keineswegs immer die Hände der Älteren sein, die die Hand des Jüngeren ergreifen und ihm Halt geben. Irgendwann kehrt sich's um, und der Jüngere ergreift die Hand des Alten und gibt ihm Halt. In diesem

Dom sitzt jetzt ein junger Mensch, der weiß, wovon ich rede.

Und nun ist dieser sinnliche Kontakt zweier menschlicher Hände, durch den der Eine dem Anderen Halt gibt, ein sprechendes Gleichnis für die Nähe Gottes, die dem in seiner Verzweiflung Verstummenden die Sprache zurückgibt. Gottes Hand ist da. Sie ergreift die Hand des Verzweifelten. So wie seine starke Hand den am Kreuz verzweifelt nach Gott schreienden Jesus von Nazareth aus dem Tod errettet hat, so ergreift sie auch den, in dem sich das öde Nichts eingenistet hat, um alles sinnlos zu machen und öde und grau.

Wohl dem, der merkt, daß Gottes starke Hand die unsrige längst ergriffen hat! Und uns hält – so lange bis er uns am Ende nicht nur an der Hand halten, sondern in seine Arme nehmen und »in Ehren annehmen« wird!

Von Gottes Hand gehalten kann auch der Verzweifelte *vorwärts* gehen, dem ewigen Leben entgegen. Wir können es ihm nicht nur mit Worten, sondern auch mit einem menschlichen Händedruck bezeugen. In einem solchen Händedruck kann die ganze Ewigkeit investiert sein. Und wenn selbst der Verzweifelte, von Gottes Hand gehalten, wieder *voran* kommt, dann können auch wir anderen, die wir nicht verzweifelt, sondern allenfalls verzagt und ängstlich sind, *vorwärts* gehen – dem ewigen Leben entgegen.

Wir werden dieses Ziel freilich kaum im Paradeschritt erreichen. Vermutlich nicht einmal mit »Nordic Walking«, sondern eher wohl hinkend oder gar stolpernd. Ja, man kann, auch wenn Gott uns an unserer rechten Hand hält, immer wieder einmal stolpern und vielleicht sogar fallen. Aber liegen bleiben kann der Gefallene nicht. Also was soll's! Auch wer in das ewige Leben hinein *stolpert*, hat das *Ziel erreicht*. Und wird trotz aller seiner Macken, nein: mit allen seinen Macken in Ehren angenommen. Denn das ist die höchste Ehre, die uns Menschen zuteil werden kann: von Gott in die Arme genommen zu werden. Und wenn das geschieht, dann hat es mit dem Verlesen von Sündenregistern für immer ein Ende. – Halleluja!

Psalm 113,3

Vom Aufgang der Sonne bis zu ihrem Niedergang sei gelobet der Name des Herrn.

Was wird uns da zugemutet, liebe Stiftlerinnen und Stiftler? Gotteslob von früh bis spät. Oder, wie andere Ausleger meinen, von Ost bis West, von einem Ende der Welt bis zum anderen, so daß der Gelobte sagen könnte: in meinem Reich geht das Loben nicht unter, hört das Lob niemals auf. Wahrscheinlich ist beides gemeint: Gotteslob semper, ubique et ab omnibus. Vom Aufgang der Sonne bis zu ihrem Niedergang sei gelobet der Name des Herrn.

Was sollen wir nun dazu sagen?

»Wenn Sie mich fragen, mir ist vom Aufgang der Sonne bis zu ihrem Niedergang eher zum Heulen zumute.« Mit einer solchen Reaktion, liebe Christenmenschen, muß gerechnet werden. Jedenfalls an einem grauen Tag, an dem man die Sonne gar nicht erst aufgehen sieht, weder am Himmel noch im eigenen Herzen. Wenn das Glück eines anderen mein Unglück ist oder, schlimmer noch, wenn mein eigenes Glück das Unglück eines anderen bedeutet – was gibt es da zu loben? Wenn nicht nur der Himmel über uns, sondern auch die Seele in uns verhangen ist und weder der Blick aus dem Fenster noch der Blick in das zu studierende Buch Durchblicke gewährt: um mich herum grauer Alltag, und auch in mir selbst alles grau in grau – was gibt es da zu loben?

Und nun also auch noch vom frühen Morgen bis zum späten Abend, also solange man wach ist: immerfort loben. Oder von einem Ende der Welt bis zum anderen, also im Blick auf alles und jedes: überall Lobgesänge. Gotteslob flächendeckend. Gotteslob ausnahmslos. Gotteslob unterschiedslos. Immer dasselbe. Und immer denselben: denselben, der nicht ich bin, sondern ein Anderer. Vom Aufgang der Sonne bis zu ihrem Niedergang immer nur einen Anderen loben – nein, das ist nicht auszuhalten.

Ja, wenn es darum ginge, uns zu loben! Wenn es darum ginge, mich zu loben! Das wäre eine andere Sache. Ob das einzelne Ich, ob die eigene Gruppe, Partei oder Konfession – sich von früh bis spät und von Ost bis West selber zu loben, das verstehen nicht nur die Politiker. Und wenn die es nicht verstehen, oder wenn sie es nicht mit dem nötigen Geschick verstehen, sich selbst, ihre Leistungen und Vorzüge und sogar ihre Fehlleistungen und Schwächen noch unermüdlich zu loben, dann gefährden sie ihre Macht; und es empfiehlt sich, schleunigst den Pressesprecher auszuwechseln oder gar das Kabinett umzubilden.

Doch machen wir es uns mit den Regierenden nicht zu leicht! Was in der Politik eher plump und aufdringlich daherkommt, das ist ja nur der Zerr- und Hohlspiegel dessen, was uns alle bestimmt. »Gerühmt muß sein«, sagt selbst der Apostel. Der Akademiker sagt das zwar nicht, aber er denkt es um so ungenierter. Nirgends gedeiht das raffiniert inszenierte Selbstlob hemmungsloser als im Hause der Wissenschaften. Selbstlob aber ist hier wie überall eine Ersatzhandlung, mit der wir unser Verlangen artikulieren, von anderen gelobt zu werden.

Offensichtlich brauchen wir das. Offensichtlich sind wir darauf angewiesen, von anderen Personen gelobt zu werden: wenigstens von einer, möglichst von vielen. Denn im Lob steckt Anerkennung. Und die braucht bereits jedes Kind so notwendig wie die Luft zum Atmen. Und das Kind im Manne nicht minder. Es ist das Kind in uns, ohne dessen Gedeihen wir niemals erwachsen werden und ohne dessen Spielen in uns wir niemals reife Personen zu sein vermögen, es ist das Kind, das in einem jeden von uns ernst genommen sein will, welches nach dem Lob durch den anderen verlangt.

Aber vom Aufgang der Sonne bis zu ihrem Niedergang? Oder, um im Hause zu bleiben, vom Nordflügel des Tübinger Stifts bis zum Südflügel, vom Alten Ephorat bis zum Neuen Ephorat? Nicht nur von einem, nicht nur von vielen, sondern von allen? Und im Blick auf alles und jedes? Läuft das nicht auf die Aufhebung des Lobes hinaus, ja auf seine Verhöhnung?

Wer wirklich lobt, der unterscheidet. Er hebt hervor und zeichnet aus: eben das wahrhaft Lobenswerte im Unterschied zum Tadelnswerten oder auch nur zum Stinknormalen. Gelobt zu werden verdient, was als besonders gelungen aus der Reihe fällt. Wer alles lobt, der lobt im Grunde überhaupt nicht. Wer mich loben will, der jedenfalls muß es sparsam machen. Oder er sollte es lieber ganz lassen. Er muß ja statt dessen nicht gleich anfangen zu fluchen.

Wer wirklich loben will, muß sagen können, warum. Denn nur dann kann der Gelobte davon ausgehen, vom Lobenden ernst genommen zu sein. Jedes wahre Lob ist konkret.

Und Gott? Muß ein Gott, der ernst zu nehmen ist und ernst genommen sein will, nicht geradezu leidenschaftlich darauf bedacht sein, nur äußerst sparsam gelobt zu werden? Nur ja nicht zur falschen Zeit! Und am falschen Ort! Und aus falschem Munde! Und ist uns etwas anderes überhaupt zumutbar als auch im Blick auf Gott genau zu unterscheiden zwischen dem, wofür wir ihn zu loben wahrhaftig Grund haben, und dem, wofür wir mit ihm sehr viel eher zu hadern Anlaß hätten?

»Von Zeit zu Zeit lob' ich den Alten gern« – das wäre doch eine keineswegs nur mephistophelische Losung. Von Zeit zu Zeit, hier und da: ja, da lob' ich Gott gern. Und aus vollem Herzen. Und wenn's sein muß, sogar mit Posaunen. Aber vom Aufgang der Sonne bis zu ihrem Niedergang, also auch dann, wenn mir in Wahrheit zum Heulen zumute ist? Ist unsere Losung in einer solchen Situation nicht eine gotteslästerliche Aufforderung zu frommer Heuchelei? Provoziert sie am Ende nicht Gottesvergiftung statt Gotteslob? Macht ein Gott, der dergleichen verlangt, sich nicht einfach lächerlich?

Doch das alles, liebe Hausgemeinde, wird sich der Psalmist wohl auch gefragt haben. Und dennoch hat er seinen Lobgesang angestimmt. Warum? Und mit welchem Recht?

Was mag der Grund dafür gewesen sein, daß er seine Losung dennoch ausgegeben hat? Und was mag es für Gründe geben, ihr noch immer zuzustimmen und also einzustimmen in das nicht endende Lob Gottes, des Herrn? Und worin kann ein solches Lob sinnvoller Weise bestehen, wenn es denn konkretes Gotteslob sein soll?

Darüber nachzudenken, darüber vom Anfang des Semesters bis zu seinem Ende und noch lange darüber hinaus gründlich nachzudenken: mit offenen Augen für die heilige Schrift und mit offenen Augen für unsere Welt – das, liebe Kommilitoninnen und Kommilitonen, das könnte bereits der Anfang des Gotteslobes sein, das ganz speziell uns Theologen zugemutet ist. Und wer Gott so zu loben beginnt, der kann es getrost darauf ankommen lassen, wie es weiter geht. Amen.

Sprüche 3,5-8

Ein ganzes Semester lang – Weisheit! Ob das gut geht, liebe Gemeinde?

Wenn Wissenschaftler über Weisheit reden, reden wollen oder reden müssen, hat die Weisheit doch schon so gut wie verloren. Und nun gar ein ganzes Semester lang Akademiker-Predigten über die Weisheit – mon dieu! Jeden Sonntag ein anderes Original, ein anderer Weisheitslehrer auf derselben Kanzel. Jeder von ihnen hat die heilige Schrift durchaus studiert mit heißem Bemühn. Jeder hat zugleich tief in die Welt geblickt. Und so hat denn jeder bei seinem Versuch, den Geheimnissen der Bibel und den Rätseln der Welt auf die Spur zu kommen, seine ureigenen Einsichten gewonnen. Und die will er an den Mann bringen und an die Frau, versteht sich. Deshalb lehrt er, setzt er seine Forschung in Lehre um. Und nun meint ein jeder von ihnen, daß ausgerechnet in seinen höchst originellen Einsichten und in seinen sehr besonderen Lehren Frau Weisheit selber sich zu Worte meldet. Und die liebe Gemeinde muß ein ganzes Semester lang von derselben Kanzel hören, daß der eine dies und der andere jenes für weise hält. Und natürlich auch sich selbst. Denn »ich bin klug und weise…«

Wenn das gut gehen soll, liebe Gemeinde, dann müßten die vielen Einsichten, die man da Sonntag für Sonntag von den originellen Weisheitslehrern zu hören bekommt, sich wenigsten halbwegs miteinander vertragen.

Doch ich kenne meine Pappenheimer, ich kenne die akademischen Weisheitslehrer. Denn ich kenne mich selber – jedenfalls ein wenig. Jedenfalls soweit, daß ich weiß, wie sehr wir in unsere eigenen Einsichten vernarrt sind: so sehr, daß wir auf die Einsichten der Kolleginnen und Kollegen milde lächelnd herabsehen. Und wenn es im Fall des Falles hart auf hart kommt, dann kommt es zum Streit. Und die Polyphonie der vielen Stimmen, die doch alle die Weisheit zu Worte kommen lassen wollen, wird von schrillen

Dissonanzen gestört. Manchmal ist das ja auch gut so. Denn »zu Zeiten sind erfrischend wie Gewitter goldne Rücksichtslosigkeiten«. Manchmal. Jedenfalls auf dem Katheder in der Universität. Da sagt ein jeder recht rücksichtslos, was er von den Einsichten des anderen hält.

Doch wir sind hier in der Kirche. Und in der Kirche geht man brüderlich miteinander um. Dafür trägt dann jeder ein großes Geheimnis mit sich herum. Wer aber in der lieben Gemeinde Ohren hat zu hören, der nimmt dennoch wahr, daß die Einsichten der verschiedenen Weisheitslehrer sich keineswegs immer miteinander vertragen. Und am Ende fragt er sich, ob Frau Weisheit wohl schizophren geworden ist. Oder ob die Weisheits-Prediger die liebe Gemeinde gar zum Narren halten. Und ob sie nicht allesamt mit ihrem Anspruch auf Originalität zu Toren geworden sind. Denn ein Weiser, der sich seiner Weisheit *rühmt*, ist ein Tor – sagt die Weisheit. Und sie sagt es immer wieder. Jedenfalls die altisraelitische Weisheit. In Israel war man offensichtlich damit konfrontiert, daß es das wirklich gibt: Weise, die zu Toren werden. Und so hat man denn darüber nachgedacht, was dagegen hilft, daß die Weisheit zur Torheit mutiert. In unserem heutigen Predigttext äußert sich Frau Weisheit selber dazu. Der Text steht im Buch der Sprüche (Proverbia), Kapitel 3,5-8:

> *Vertraue auf den Herrn mit Deinem ganzen Herzen, und verlaß Dich nicht auf Deine Einsicht. Auf allen Deinen Wegen erkenne ihn. Dann wird er Dir (sogar) die Holzwege ebnen. Halte Dich nicht selber für weise in Deinen Augen. Fürchte den Herrn und meide das Böse. Das wird Deinem Nabel heilsam sein und Deine Gebeine erfrischen.*

Ehrlich, liebe Gemeinde, wer läßt sich so etwas schon gerne sagen: verlaß Dich nicht auf Deine Einsicht? Auf was denn sonst? Worauf will dieser seltsame Text hinaus?

Schon seltsam genug, daß Gottvertrauen und Gottesfurcht ausgerechnet dem Bauchnabel gut tun sollen! Wie kann man, wenn es um so ernste Dinge wie Gottesfurcht und Gottvertrauen geht, auf des Menschen Bauch und seinen Nabel zu sprechen kommen! Beliebt die Weisheit zu scherzen? Ist sie gar übermütig geworden? Wir kommen darauf zurück.

Doch zunächst macht uns die doch ebenfalls recht seltsame Aufforderung zu schaffen, seiner eigenen Einsicht zu mißtrauen. Hat mir das in meiner Jugend im real existierenden Sozialismus nicht auch die immer alles besser wissende Partei zugemutet? Nicht Du, sondern die Partei, die Partei, die Partei, sie hat immer Recht. Und hat so nicht auch die kirchliche Inquisition geredet? Nicht Du, sondern die Kirche, die Kirche, die Kirche weiß, was wahrer Glaube ist. Also verlaß Dich nicht auf Deine Einsicht! Luther übersetzt sogar: verlaß Dich nicht auf Deinen Verstand. Was für ein Rat! Man stelle sich diesen Satz einmal im Munde eines frechen Studenten vor, der das mitten im Seminar oder gar mitten im Examen seinem Dozenten empfiehlt: der Herr Professor möge sich doch bitte nicht auf seinen Verstand verlassen! Heidenei! Hat der große Kant uns nicht das Gegenteil eingeschärft: *denken – das heißt: selber denken*? Wenn man sich nicht einmal auf das verlassen kann, was man selber erkannt, als wahr erkannt hat, worauf, um Himmels willen, soll man sich denn dann noch verlassen können?

Das hat doch die Menschheit voran gebracht und mündig gemacht, daß sie ihre Erfahrungen, die guten und die bösen, die nützlichen und die schädlichen, mit intellektueller Wachheit zu verarbeiten begann. *Aufklärung* hat man das genannt. Und die erste Aufklärung begann bereits in uralten Zeiten: in China, in Indien, in Griechenland, in Ägypten, aber eben auch in Israel. Das war die Zeit, als sich in vielen Völkern die Stimme der Weisheit bemerkbar machte. Sie hat die menschliche Vernunft freigesetzt.

In Israel hat man das sogar als ein Geschenk des Himmels betrachtet und gepriesen: »Denn der Herr gibt Weisheit, und aus seinem Mund kommt Erkenntnis und Einsicht« heißt es nur wenige Verse vor unserem Predigttext

(Prov. 2,6). Immer wieder kann man dergleichen hören: »Erwirb Weisheit, erwirb Einsicht, vergiß sie nicht.« (Prov. 4,5) Höchstes Lob also für das menschliche Erkenntnisvermögen und für des Menschen Einsicht!

Und dann plötzlich eine Wende um 180 Grad? Nun soll man sich gerade nicht auf die eigene Einsicht verlassen? Ausgerechnet ein Weisheitslehrer mißtraut dem Verstand! Wie das? Widerspricht die Weisheit sich selbst? Oder gibt es nun einmal keine Aufklärung ohne die »Dialektik der Aufklärung«? Offensichtlich hatte die Weisheit schon im alten Israel gewisse Probleme mit ihren Lehrern. Oder müssen wir sagen: mit ihren Schülern?

Schon das ist ja eigenartig genug, daß Weisheit durch Lehrer vermittelt werden soll. Denn was weise ist, das sollte doch eigentlich überall präsent sein und sich im Grunde von selbst verstehen. In Israel hielt man die Weisheit sogar für die Gespielin des Schöpfers, die von sich selber sagen kann: »Seit Urzeiten bin ich dabei, seit Anbeginn, seit dem Ursprung der Erde... Ich war ihm [dem Schöpfer] zur Seite als sein Liebling, war sein Entzücken Tag für Tag, spielend vor ihm alle Zeit.« (Hiob 28,23.30)

Die Weisheit ist also immer schon da. Und für alle da. Deshalb schildert das Alte Testament die Weisheit gern wie eine Person, die man überall antreffen kann (Hiob 28,1f.; Prov. 1,20f.): auf dem Marktplatz und auf dem Rathaus, in schmalen Gassen und auf prächtigen Alleen, auf weitem Feld und auf verworrenen Holzwegen, bei den Tübinger Gogen, in den Tübinger Weinstuben und selbst in der Tübinger Universität. Die Weisheit macht sich nicht rar. Seit eh und je ist sie in unserem Erfahrungswissen präsent und sagt uns, was Sache ist und wo es lang geht. Und wo man in die Irre zu geraten droht: auf Abwege, die ins Verderben führen. Die Weisheit läßt uns die herrlichen Möglichkeiten des Daseins entdecken und warnt vor dem dicht daneben klaffenden Abgrund. Sie liebt die Verallgemeinerung, spricht gern in Sentenzen. Und doch wird bei ihr das Allgemeine immer konkret. Fast zu konkret! Kommt sie doch in einem Atemzug auf die Gottesfurcht und auf den Bauchnabel zu sprechen. Doch vom Bauchnabel später...

Jetzt achten wir zunächst noch einmal darauf, daß die Weisheit nie über die Köpfe hinweg redet, sondern eine jede und einen jeden von uns unmittelbar anspricht. Sie ermuntert uns sogar, mit ihr geradezu familiär zu verkehren. Ja, sie wirbt um unsere Freundschaft: »Sprich zur Weisheit: Du bist meine Schwester. Und nenne die Klugheit Deine Freundin.« (Prov. 7,4) Ich und die Weisheit sozusagen auf Du und Du. Welch' eine Verbindung! Die Weisheit meine Freundin und ich ihr Freund! Was für eine beglückende Liaison!

Ja, so redet die Weisheit seit eh und je: manchmal laut (Hiob 28,1-3; Prov. 1,20f.), manchmal leise. Und doch wird sie, selbst wenn sie »laut auf der Straße ruft«, nur zu oft überhört. Gerade weil sie sich nicht rar macht, nimmt man ihre Stimme nicht allzu ernst – getreu der Regel: willst Du was gelten, mach Dich selten.

Doch damit man sie nicht völlig überhört, geht die Weisheit sozusagen zur Schule und engagiert Weisheitslehrer, deren Stimme laut genug ist, um Aufmerksamkeit zu erlangen. Lehrerinnen und Lehrer müssen wohl meistens mit lauter Stimme reden. Nur die besten setzen sich auch mit leiser Stimme durch. Auf der hohen Schule der Universität kann man sogar – wer es fassen kann, der fasse es! – laut brüllende Professoren erleben. Selbst in theologischen Fakultäten! Doch die Weisheit nimmt auch brüllende Weisheitslehrer in kauf, wenn sie nur das lehren, was wirklich *weise* genannt zu werden verdient.

Und da beginnen nun die Probleme: Probleme, die die Weisheit selber klar und deutlich benennt. Sie weiß, daß sie mißbrauchbar ist. Und spricht es aus. Der Mensch, »er nennt's Vernunft und braucht's allein, nur tierischer als jedes Tier zu sein« – sagt der Weltweise zu Weimar. Nein, Frau Weisheit ist nicht schizophren. Aber sie kennt den schizophrenen Gebrauch, den wir von ihr, den wir von der freigesetzten Vernunft machen. Und eben deshalb ist Frau Weisheit eine eminent selbstkritische Person, die davor warnt, die eigenen Einsichten absolut zu setzen, sie für das Letzte und Beste zu halten.

Doch auch, wenn die Weisheit uns warnt, tut sie das nicht, um unseren Verstand und seine Einsichten schlecht zu machen. Sie will ja unsere Freundin sein. Und eine echte Freundin macht ihren Freund nicht schlecht oder madig. Aber ihn nachdenklich machen – das kann sie schon.

Wer sich von der Weisheit – wie von einer guten Freundin – nachdenklich machen läßt, der fängt dann seinerseits an, selbstkritisch zu werden. Und dann weiß er sehr bald, wie wenig er wirklich weiß.

Man muß es ja nicht gleich mit Sokrates auf die Spitze treiben und nur den für weise erklären, der weiß, daß er nichts weiß. Doch wirklich weise ist man in der Tat erst dann, wenn man weiß, daß die eigenen Einsichten einer kleinen Insel gleichen, die umgeben ist von einem weiten und unruhigen Meer. Und der wirklich Weise liebt das offene Meer, das neue Erfahrungen und neue Einsichten verheißt. Nicht zufällig ist die Fahrt ins offene Meer zur Metapher für die Abenteuer des forschenden Geistes geworden.

Doch spätestens jetzt unterbricht der fromme Mensch den Weisheitslehrer und fragt: und was hat das alles mit Gott zu tun? Die Frage ist berechtigt. Hat doch die ältere Weisheitsliteratur Israels sich nur selten auf Gott berufen. Sie setzt ja auf Aufklärung, also auf »den Mut, sich seines eigenen Verstandes ohne fremde Anleitung zu bedienen«. Die Weisheit weiß, daß Gott kein Lückenbüßer ist und daß man seinen Namen auch im Haus der Wissenschaft »nicht unnützlich führen« soll. Um so bedeutsamer ist es, wenn die Weisheit denn doch einmal auf Gott zurückkommt.

Und das tut sie immer dann, wenn die menschliche Vernunft sich nur noch mit sich selber beschäftigt und sich in nicht enden wollende Selbstgespräche verstrickt. Und nicht wahrhaben will, daß es mehr Dinge zwischen Himmel und Erde gibt, als sich unsere Schulweisheit träumen läßt. Dann ist es an der Zeit, daß Gott ins Denken einfällt – um es mit einer glücklichen Formulierung eines wirklich Weisen zu sagen.

Gott gehört allerdings nicht zu den uns noch unbekannten und unerschlossenen Dingen zwischen Himmel und Erde. Ist er doch der *Schöpfer* des Himmels und der Erde und aller Dinge, die im Himmel und auf Erden und zwischen Himmel und Erde sind. *Schöpfer, creator, Inbegriff von Kreativität* – das ist Gott, das ist unser himmlischer Vater. Wer sich ihm anvertraut, anvertraut wie ein Kind, der hört auf, sich in seine eigenen Einsichten zu verbeißen; der hört auf, sich unentwegt selber zu repetieren. Wer sich dem Schöpfer anvertraut, der wird selber kreativ und wagt das Abenteuer neuer Entdeckungen und neuer Erfahrungen. Der wagt sich hinaus aufs offene Meer.

Hingegen immer nur sich selbst repetieren – das macht müde, elend müde, je länger, je mehr. Es ermüdet die, die das anhören müssen. Doch es macht erst recht den, der seine eigenen Einsichten für das Letzte und Beste hält, zu einer elend müden Gestalt. Auf seine eigenen Einsichten fixiert, also ein für allemal festgelegt dreht sich selbst der Gescheiteste alsbald nur noch im Kreise. Und sieht dabei ganz schön alt aus. Denn er stößt immer wieder nur auf sich selbst. Da steht er nun, ein »armer Tor« und ist »so klug als wie zuvor«. Und das ermüdet.

Gott aber, er ermüdet nicht. Er bleibt selbst in einer müde gewordenen Welt der Inbegriff von Kreativität. Und seine »unbegreiflich hohen Werke sind herrlich wie am ersten Tag«. Und auch seine Gespielin, die uralte Weisheit, veraltet nicht, sondern macht sich alle Morgen wieder frisch und neu bemerkbar. Mit dem Schöpfer im Bunde bleibt sie taufrisch und bahnt uns neue Wege. Sie bricht sich sogar auf Holzwegen Bahn und bringt uns selbst im bisher Unbegangenen voran. So verheißt sie es selbst.

Ach ja, und dann heißt es da noch sehr drastisch: die Weisheit wird, wenn sie Gott in Dein Denken einfallen läßt, »heilsam sein Deinem Nabel und Deine Gebeine erfrischen«. Damit soll wohl vor allem den jungen Menschen die Weisheit schmackhaft und das Gottvertrauen verlokkend gemacht werden, also Ihnen, liebe Studierende. Denn der Bauchnabel von uns Alten ist nun wirklich uninteressant, nicht der Rede wert. Doch der junge Mensch, der interessiert sich für dergleichen. Und horcht auf, wenn seinem Bauch Heil und seinen Gebeinen Erfrischung verheißen wird. Und fragt sich wohl, wie solche Verheißung in Erfüllung gehen soll.

Eines ist klar: die Weisheit vollbringt keine Wunder. Sie hält es ja mit der Aufklärung. Und so geht bei ihr immer alles ganz natürlich zu, also auch die Sache mit dem Bauchnabel.

Ich habe mir das so erklärt: wer sich die Weisheit zur Freundin nimmt, der will ja wohl auch von ihr geliebt werden. Also wird er schon deshalb darauf bedacht sein, daß auch um seinen Nabel herum alles o.k. ist. Er denkt sich, die Weisheit liebt – Waschbrettbäuche. Warum auch nicht! Er wird also alles tun, damit die Freundin nicht enttäuscht wird.

Doch wer sich seines Waschbrettbauchs *rühmen wollte*, der ist nun – genau so wie ein Weiser, der sich seiner Weisheit *rühmt* – wirklich ein Tor. Und für ihn ist ein ganzes Semester lang Weisheit noch viel zu wenig. Er sollte sich jeden Tag aufs neue auf sie einlassen. Und dann wird er die schöne Erfahrung machen, daß diese uralte Freundin der Menschheit genau so wie des Schöpfers unerschöpfliche Gnade und Treue jeden Morgen ganz frisch und ganz neu ist. Was für eine Erfahrung! Wer sie macht, der wird selber erfrischt.

Ja, liebe Gemeinde, jeden Morgen neu auf Gott und auf die Weisheit vertrauen können – das erfrischt ungemein: nicht nur die Gebeine, sondern den ganzen Menschen, den Leib und die Seele, das Herz und den Verstand. Das erfrischt sogar einen so alten Menschen wie mich, der nun wahrhaftig nicht Gefahr läuft, sich eines Waschbrettbauches zu rühmen. Amen.

Jesaja 6,1-8

Heute blicken wir zurück, liebe Gemeinde, zumindest für einen Augenblick zurück: zurück auf die vor nunmehr 400 Jahren vom damaligen brandenburgischen Kurfürsten im Einverständnis mit dem Bürgermeister, den Ratsherren, den Gemeinden und der Bürgerschaft der Stadt vollzogene Umwidmung des bisher katholischen Berliner Domstifts in die nach damaligen Kirchenrecht »oberste« evangelische »Pfarrkirche allhier«. Und da das Ganze am Sonntag Trinitatis geschah, ist die evangelische »Oberpfarr- und Domkirche zu Berlin« seitdem und bis zum heutigen Tag nicht irgendeinem heiligen Mann oder irgendeiner heiligen Frau, sondern gleich der »Heiligen Dreifaltigkeit« geweiht. Höher geht's nicht, wahrhaftig nicht.

Das war *der Anfang* unserer Gemeinde. Dann folgte eine komplexe Geschichte, eine Geschichte voll von konfessionellen Brüchen: katholisch zuvor, dann für allerdings nur kurze Zeit lutherisch, dann, weil der Landesherr – übrigens im Unterschied zu seiner lutherisch gefestigten Frau – unbedingt reformiert werden wollte, lange Zeit calvinistisch, dann, weil der Landesherr nunmehr die Lutheraner und die Calvinisten zu einer gemeinsamen Konfession vereinen wollte, uniert und heute – jedenfalls wenn ich die Stola auf meinem Talar betrachte – auch schon wieder ein wenig katholisch. Aber die Geschichte dieser Domgemeinde ist nicht nur voller Brüche. Sie ist auch voller Aufbrüche. Und das ist entscheidend.

Denn wenn der christliche Glaube *zurück* blickt, wie wir das heute in diesem feierlichen Gottesdienst tun, dann nur deshalb, weil der Glaube sich von einem solchen Blick zurück *vorwärts* weisende Kraft verspricht. Wenn der Glaube *zurück* blickt, dann immer nur, um *voran* zu kommen. Zurück blicken heißt für den christlichen Glauben immer: auf das *Evangelium* zurück kommen. Und das Evangelium schließt *die Zukunft* auf.

Da fügt es sich gut, daß am heutigen Trinitatisfest die

Erinnerung an das Zentrum des christlichen Glaubens unsere Aufmerksamkeit beansprucht, also der Glaube an Gott den Vater, den Sohn und den heiligen Geist. Besser können wir auf den Anfang dieser der heiligen Dreifaltigkeit gewidmeten evangelischen Domgemeinde gar nicht zurück blicken als so, daß wir uns auf den Glauben an den dreifaltigen Gott besinnen. Doch ich habe meine Zweifel, ob die hier heute Abend versammelte Domgemeinde mit ihrem Ehrentitel »Zur Heiligen Dreifaltigkeit« viel anzufangen weiß, also mit dem Glauben an den einen und einzigen Gott, der in den drei Personen des Vaters und des Sohnes und des Heiligen Geistes lebt und wirkt.

Schon daß das Wort »Person« seine unsere heutige Sprache noch immer prägende beispiellose begriffliche Karriere dem christlichen Glauben an den einen, aber eben in drei Personen konkret begegnenden Gott verdankt – selbst das weiß doch heute kaum noch jemand. Der Glaube an den dreieinigen Gott – er ist selbst vielen Christen eher befremdlich.

Doch es gibt zumindest eine schwerwiegende Ausnahme. Denn wenn wir Christen feierlich werden, dann scheint auch die Heilige Trinität angesagt zu sein. Ist doch der Glaube an den dreieinigen Gott in der Liturgie unserer Gottesdienste fest verankert. Wir taufen, wenn ein Mensch ein Glied am Leibe Christi wird, diesen Menschen auf den Namen des Vaters, des Sohnes und des Heiligen Geistes. Und im Namen des dreifaltigen Gottes beerdigen wir unsere Toten. Und in der Liturgie des Sonntag für Sonntag gefeierten Gottesdienstes hat die Rede von Gott, dem Vater, dem Sohn und dem Heiligen Geist ihren ganz unproblematischen »Sitz im Leben«.

Schon der den Gottesdienst eröffnende erste Satz macht es deutlich, jedenfalls dann, wenn die gottesdienstliche Feier korrekt begonnen und diese liturgische Eröffnung nicht durch eine zwar gut gemeinte, aber ganz und gar unangemessene psychologische Lockerungsübung ersetzt wird: *Im Namen Gottes, des Vaters und des Sohnes und des Heiligen Geistes* beginnt der christliche Gottesdienst, und in diesem Namen geschieht alles, was dann folgt.

Die älteste Christenheit begründete ihren Glauben an den dreifaltigen Gott vor allem mit dem neutestamentlichen Bekenntnis zu Jesus Christus als dem Sohn Gottes, des Vaters, der mit diesem im heiligen Geist in unzerstörbarer Liebe verbunden ist. Denn um diese elementare Wahrheit geht es, wenn wir an den dreieinigen Gott glauben: darum daß Gott – wie Luther einmal bemerkt hat – einem glühenden Backofen voller Liebe gleicht. Das und nur das will die Rede von dem dreieinigen Gott zur Geltung bringen: daß Gott von Ewigkeit her und bis in alle Ewigkeit hinein ganz und gar Liebe ist.

Niemand und nichts muß ihn dazu motivieren. Der dreifaltige Gott – das ist der, der von sich aus zu lieben vermag und zu lieben beginnt, ohne zuvor von uns geliebt worden zu sein. Während wir Menschen nur dann liebesfähig sind, wenn wir zuvor Liebe erfahren haben: von der Mutter, vom Vater, von den Großeltern, von einigermaßen erträglichen Onkeln und Tanten und – last not least – von Gott selbst, vermag Gott zu lieben, ohne daß sich irgendeiner oder irgendeine von uns ihm zuvor liebend zugewendet hätte. Als Vater, Sohn und Geist ist er der Inbegriff aller Liebe, ist er – wie es der – derzeitige Papst einmal sehr glücklich formuliert hat – ein ewiger *Zirkel* der Liebe. Daß der Druckfehlerteufel in dem päpstlichen Buch aus dem ewigen *Zirkel* dann einen ewigen *Zirkus* der Liebe gemacht hat, dürfte zumindest bei den humorvollen unter den Engeln im Himmel und vielleicht auch den humorvollen unter den Prälaten im Vatikan ein gewisses Gelächter provoziert haben. Aber die elementare Wahrheit, daß der dreifaltige Gott ganz und gar und durch und durch Liebe ist, die kann auch der Druckfehlerteufel nicht in Frage stellen – obwohl der Teufel gerade dies nur gar zu gern erreichen würde. Doch der Glaube an den von sich aus liebenden Gott ist stärker als alle Teufelei. Der christliche Glaube setzt darauf, daß die göttliche Liebe sich als die einzig siegreiche Macht erweisen wird.

Einen der für diesen Glauben an den Sieg der Liebe maßgeblichen neutestamentlichen Texte haben wir vorhin als Schriftlesung gehört. In ihr war von dem *heiligen Kuß* die Rede, mit dem sich die Glaubenden im Namen des Vaters, des Sohnes und des Heiligen Geistes liebevoll grüßen, um zu bezeugen, daß sie mit ihrer menschlichen Liebe der göttlichen Liebe entsprechen. Ich werde darauf zurückkommen.

Die Alte Kirche hat nun allerdings – sehr zur Verwunderung der Synagoge – sich auch auf alttestamentliche Texte berufen, die sie als »Quelle« für den Glauben an den dreifaltigen Gott in Anspruch nehmen zu können meinte. Und der wichtigste dieser alttestamentlichen Texte ist die Geschichte von der Berufung des Propheten Jesaja, in der Gott von den Engeln im Himmel als der dreimal oder dreifach Heilige gepriesen wird: »Heilig der Vater, heilig der Sohn, heilig der Geist« – so deutete die älteste Christenheit dieses so genannte *Trishagion*, dieses »Heilig, heilig, heilig ist der Herr Zebaoth«. Auf diesen Text wollen wir uns jetzt besinnen. Er steht im sechsten Kapitel des Jesajabuches und lautet:

In dem Jahr, als der König Usia starb, sah ich den Herrn, sitzend, auf einem hohen und erhabenen Thron, und sein Saum füllte den Tempel. Seraphim standen über ihm; ein jeder hatte sechs Flügel: Mit zweien deckten sie ihr Antlitz, mit zweien deckten sie ihre Füße und mit zweien flogen sie. Und einer rief zum andern, und sprach: Heilig, heilig, heilig ist der Herr Zebaoth, alle Lande sind seiner Ehre voll!

Und die Schwellen bebten von der Stimme ihres Rufens und das Haus ward voll Rauch. Da sprach ich: Weh mir, ich vergehe! Denn ich bin unreiner Lippen und wohne unter einem Volk von unreinen Lippen. Denn ich habe den König, den Herrn Zebaoth gesehen mit meinen Augen. Da flog einer der Seraphim zu mir und hatte eine glühende Kohle in der Hand, die er mit der Zange vom Altar nahm und rührte meine Lippen an und sprach:

Siehe, hiermit sind deine Lippen berührt, daß deine Schuld von dir genommen werde und deine Sünde gesühnt sei.
Und ich hörte die Stimme des Herrn, wie er sprach: Wen soll ich senden? Wer will unser Bote sein? Ich aber sprach: Hier bin ich, sende mich!

Das sind harte Worte, liebe Gemeinde. Hart, überaus hart schlägt hoch vom Himmel herab Gottes Wort in das Leben des Mannes ein, der dann der Prophet dieses Gottes werden sollte. »Rote Lippen muß man küssen. Denn zum Küssen sind sie da!« Und statt dessen glühende Kohle auf einem menschlichen Mund – das erinnert uns an die übelsten Foltermethoden vergangener und gegenwärtiger Diktaturen. Wird man so zu einem Propheten Gottes? Und was dieser Prophet dann dem Volk Israel im Auftrag seines Gottes mitzuteilen hat, das ist wiederum hart, überaus hart. Lesen Sie's nach! Gottes Wort, so scheint es, schlägt hart in unser doch ohnehin schon reichlich hartes Leben ein: hoch vom Himmel herab – wie ein Donnerschlag und wie der dazugehörende Blitz.

Doch der Blitz ist das bessere Gleichnis für die Wirkung des Wortes Gottes und seines Propheten als der Donnerschlag. Denn wenn ein Blitz vom Himmel zur Erde herabzuckt, dann wird – zumindest für einen Augenblick – alles erhellt. Das Dunkel der Nacht wird unterbrochen, und die Welt erscheint, wenn auch nur für einen Augenblick, im hellsten Licht. Ein hartes Licht, gewiß. Aber ein erhellendes Licht! Ein Licht, das Durchblick gewährt, wenigstens für einen Augenblick. Genau so unterbricht das göttliche Wort aus dem Mund des Propheten die von uns selbst verschuldete Finsternis, um uns Durchblick zu gewähren, wenigstens für einen Augenblick. Und dieser Augenblick genügt, um Orientierung zu gewinnen. Auch das schreckliche Bild von der glühenden Kohle auf den Lippen des Propheten soll dasselbe zum Ausdruck bringen: nämlich die selbstverschuldete Finsternis, die unser Leben, unser Herz und unseren Verstand verdunkelt, zu beenden. Worin besteht diese selbstverschuldete Finsternis? Warum und wozu drückt ein Engel Gottes eine glühende Kohle auf menschliche Lippen? Schwierige Fragen! Mir wurde das schreckliche Bild aus dem Jesajabuch dadurch verständlicher, daß ich an eine alte Redensart erinnert wurde.

»Das kommt mir nicht über die Lippen« sagen wir, wenn wir etwas auf keinen Fall und unter keinen Umständen sagen wollen. Dann zum Beispiel, wenn ein kriminelles Regime von mir hören will, was ein anderer Mensch mir anvertraut hat, und zwar in der Gewißheit anvertraut hat, daß ich ihn und sein Geheimnis niemals verraten werde. Ärzte, Pastorinnen und Pastoren, aber auch gute Freunde sagen in solchen Fällen: »Das kommt mir nicht über die Lippen!«

In Israel, in der Christenheit und im Islam gehört die Anbetung anderer Götter zu dem, was einem frommen Israeliten, einem gläubigen Christen und einem den Koran als ein hochheiliges Buch verehrenden Muslim auf keinen Fall über die Lippen kommen soll. »Du sollst nicht andere Götter haben neben mir!« – so lautet das erste Gebot, das sowohl im Judentum wie im Christentum, aber auch im Islam allerhöchsten Rang hat.

Doch nun kommt den Frommen eben doch über die Lippen, was nach ihrem eigenen Selbstverständnis weder einem frommen Juden noch einem frommen Christen noch einem frommen Muslim über die Lippen kommen sollte. Wir alle sind anfällig für andere Gottheiten. Wir hängen unser Herz an faszinierende Mächte und Gewalten, an politische, ökonomische und ästhetische Potenzen, von denen wir uns die Steigerung der eigenen – mehr oder weniger schwachen – Kraft versprechen. Religiöse Potenzsteigerung könnte man das nennen. Und dagegen wäre auch gar nichts einzuwenden, wenn das menschliche Ich dabei wirklich stark werden würde. Eine starke Persönlichkeit – das ist etwas. Denn ein starkes menschliches Ich – das kann sich selbst zurücknehmen. Ein authentisch starkes menschliches Ich räumt tief innen, in seinem Herzen, aber auch draußen, wo »hart im Raume … sich die Sachen« und nicht nur die Sachen »stoßen«, auch *anderen Personen*

Raum ein: Raum zum Leben und zum Wirken. Ein wirklich starkes Ich steht sich selbst gerade deshalb nicht im Wege, weil es *anderen Menschen* nicht im Wege stehen will.

Doch wo mein Herz durch mein eigenes Ich so besetzt ist, daß es sich anderen Menschen verschließt, da wird es – in der Sprache des Propheten ausgedrückt – unrein. Es wird so unrein, daß alle Waschungen diese Unreinheit nicht beseitigen können. Es wird so verstopft, daß nichts Befreiendes mehr zu mir herein kommen, in mein Innerstes durchdringen kann. Und ich nicht mehr aus mir herausfinde.

Und dann nimmt man Zuflucht zu jenen ideologischen, ökonomischen oder ästhetischen Potenzen, hängt sein Herz an sie und fängt schließlich sogar an, sie anzubeten. Und so verunreinigt das verdreckte und verstopfte Herz auch die Lippen. Jesaja spricht es tief beschämt aus: »Ich bin unreiner Lippen und wohne unter einem Volk von unreinen Lippen.«

Da wirkt das schreckliche Bild von der glühenden Kohle auf den Lippen nahezu erlösend. Es soll andeuten, daß hier mehr von Nöten ist als eine Reinigung mit Wasser, daß hier mehr nötig ist als ein ganzer Wasserfall zu leisten vermag. Die von der glühenden Kohle berührten Lippen sollen deutlich machen, daß das sich selbst im Wege stehende Ich, daß das in sich selbst gefangene Ich wieder ins Freie gelangen kann. Was der Liedermacher Paul Gerhardt uns in seinem schönen Sommerlied zumutet, das flüstert uns nun in unserem Innersten Gott selber zu: »Geh aus mein Herz...« Geh aus Dir heraus und sieh, wie schön die irdische Welt sein kann! Und daß Gottes kommendes Reich noch sehr viel schöner sein wird. »Welch hohe Lust, welch heller Schein wird wohl in Christi Garten sein!«

Gewiß, die Rede von der glühenden Kohle auf menschlichen Lippen bleibt ein hartes Bild. Doch es gibt offensichtlich zweierlei Härte. Es gibt eine unbarmherzige Härte, die von Brutalität kaum noch zu unterscheiden ist. Und für unsere weichgespülten Ohren ist Härte fast immer dasselbe wie Brutalität. Und nicht wenige religiöse Überlieferungen begünstigen dieses Mißverständnis. Die Brutalität, mit der man heute Christen im Irak – und nicht nur dort – verfolgt, mit der man sie vergewaltigt und ermordet, belegt es, wie sehr religiöse Brutalität auch heute noch lebendig ist.

Doch es gibt auch eine andere, eine ganz andere Härte, nämlich die Härte unbedingter Verläßlichkeit. Hart ist zum Beispiel der Fels, auf dem man Fuß fassen kann, ohne ins Rutschen zu kommen. Und dieser harte Fels ist in der Sprache der Bibel ein Gleichnis für Gottes Treue, ja für die Verläßlichkeit seiner Liebe.

Man muß, um das zu verstehen, übrigens gar nicht erst die Bibel bemühen. Auch der trivialste Schlager weiß, daß Härte nicht Brutalität sein muß, sondern für Verläßlichkeit und Treue zu stehen vermag: »Marmor, Stein und Eisen bricht, aber unsere Liebe nicht« – trällerte man in meiner Jugend. Der harte Marmor, der harte Stein, das harte Eisen, sie alle sind offensichtlich sehr viel weniger hart und verläßlich als wahre Liebe.

Und der Inbegriff wahrer Liebe: das ist eben der von sich aus liebende göttliche Vater, der von ihm geliebte und ihn ebenfalls liebende Sohn und der heilige Geist, den die Kirchenväter das ewige Band der Liebe zwischen Vater und Sohn nannten. Die Väter brachten damit zum Ausdruck, daß Gott kein einsames, kein in »splendid isolation« existierendes, sondern ein beziehungsreiches, ja ein ausgesprochen geselliges Wesen ist. In unseren Tagen hat Kurt Marti den dreieinigen Gott als geselliges Wesen gerühmt.

Geselligkeit bedeutet in diesem Fall allerdings immer auch Spannung, ja eine vom Zerissenwerden bedrohte Spannung. Man bedenke: Der göttliche Vater ist der Ursprung allen Lebens. Doch sein geliebter Sohn erleidet den von einem menschlichen Gericht über ihn verfügten Tod. Ursprung des Lebens – elender Tod: Welch ein Gegensatz! Das ist wahrhaftig etwas anderes als jene harmlose und deshalb entnervende »Harmonie«, die Martin Walser mit Recht den »Friedhof des Gefühls« genannt hat. Nein, das, was Gott da aushalten muß, das ist – mit Luther zu reden – der härteste aller Gegensätze. Und doch wird dieser Gegensatz in der Kraft der Liebe überwunden. Und das alles, damit auch unter uns Menschen die Liebe siege. Daran glauben wir, darauf hoffen wir, wenn wir uns zum dreieinigen Gott bekennen.

Und deshalb sollen sich die Christen mit dem heiligen Kuß grüßen, der übrigens nicht, wie in der heutigen Schickeria üblich, nur ein doppelter Kuß ist: Küßchen auf die linke Backe, Küßchen auf die rechte Backe. Und das war's dann, und zwar offensichtlich deshalb, weil unser Gesicht eben nun einmal nur zwei Backen hat. Da hatten die alten Sowjetkommunisten immerhin noch eine Ahnung vom christlichen Ursprung dieses Brauches, wenn sie sich nicht nur mit zwei, sondern eben mit drei Küssen begrüßten: linke Backe, rechte Backe, linke Backe: im Namen des Vater, des Sohnes und des Heiligen Geistes. Zumindest Stalin, der in einem Priesterseminar erzogen wurde, dürfte es noch gewußt haben, daß der heilige Kuß, den der Apostel den Christen nahe legt, eine Erinnerung an die heilige Dreifaltigkeit ist.

Und so kann es gewiß nicht schaden, wenn sich auch die Christen, die in diesem der Heiligen Dreifaltigkeit geweihten Berliner Dom zusammenkommen, wenigstens von Zeit zu Zeit mit einem Kuß grüßen. Er darf sogar feurig sein – feurig wie die Liebe selbst. Aber bitte sehr: in diesem Fall ausschließlich im Namen des Vaters, des Sohnes und des Heiligen Geistes. Amen.

Jesaja 43,24b-25; 44,22

Haben Sie schon einmal versucht, eine Wolke wegzuwischen: eine von jenen schweren dunklen Wolken, die sich über den eben noch klaren blauen Himmel schieben und ihn verfinstern? Haben Sie schon einmal Nebelschwaden zu vertreiben versucht, jene undurchdringlichen Nebel, die sich nicht nur auf die Landschaft, sondern auch aufs Gemüt legen: Nebel, die uns den Horizont rauben?

Wolken wegwischen, Nebel vertreiben – als Kind habe ich dergleichen tatsächlich versucht. Fragen Sie bitte nicht nach dem Erfolg! Der einzige Erfolg besteht darin, daß ich Ihnen empfehle, dergleichen Versuche zu unterlassen. Wir schaffen das nicht. Wolken wegwischen, Nebel auflösen – das ist für uns Menschenkinder einfach zu schwer.

Ja, selbst für den, der Himmel und Erde geschaffen hat, ist das kein Kinderspiel. Jedenfalls dann nicht, wenn man die prophetischen Gleichnisse und Bilder ernst nimmt, mit denen im Buche Jesaja Gottes Handeln anschaulich gemacht wird. Im 43. und 44. Kapitel des Jesajabuches heißt es:

Du hast mir Arbeit gemacht mit Deinen Sünden und hast mir Mühe gemacht mit Deinen Missetaten. Ich, ich bin es, der Deine Missetaten wegwischt wie eine Wolke. Um meinetwillen gedenke ich Deiner Sünden nicht mehr...
Ich wische Deine Missetaten weg wie eine Wolke und Deine Sünden wie den Nebel.

Er arbeitet also, der allmächtige Gott, er arbeitet. Eine ungewöhnliche Vorstellung, liebe Stiftsgemeinde! Das ist die erste Überraschung in diesem ungewöhnlichen prophetischen Text: Gott in der Rolle eines Arbeiters. Nein, so stellt man sich den Allmächtigen eigentlich nicht vor. Weder heute, noch damals in Israel. Und in der ganzen alten Welt nicht. Damals schon gar nicht. Arbeiten – das war in der alten Welt die Aufgabe der Knechte, der Sklaven. Der *freie Mensch* hingegen war in einem uns heute kaum verständlichen Sinn des Wortes *arbeitslos*: frei von der Mühsal der Arbeit. Für uns heute ist Arbeitslosigkeit eine bedrückende Erfahrung. Und wir messen unsere Politiker an ihrer Fähigkeit, die Arbeitslosigkeit in unserer Gesellschaft möglichst gering zu halten. Ganz anders damals, in der Welt der alten Ägypter, Griechen und Römer, in der ohne Arbeit zu sein ein erstrebenswertes Ideal war.

Bei den alten Römern und Griechen war nur ein Mensch, der nicht arbeiten muß, frei für die Wissenschaften, die deshalb *artes liberales* genannt wurden: die eines freien Mannes würdigen Wissenschaften. Wer sich ihnen widmen wollte, mußte Muße haben: Muße für die Wahrheit. Ach, liebe Stiftsstudierende, wenn Ihnen doch in der theologischen Wissenschaft wenigstens ab und an neben aller harten Arbeit auch jene herrliche Muße zuteil würde, in der die Wahrheit ins Denken einfällt! Dann und nur dann entsteht auch so etwas wie wissenschaftlicher Eros. Möge er über Sie kommen!

Doch der Professor droht zu vergessen, daß er jetzt auf der Kanzel und nicht auf dem Katheder steht. Also schleunigst zurück in die alte Welt, in der Arbeit Sache der Knechte und Sklaven war. Kein Gedanke, daß ein freier Mann auch arbeiten könnte! Und erst recht kein Gedanke, daß ein Gott arbeiten will oder gar arbeiten muß!

Ein arbeitender Gott – auch für Israel war das eine ungewöhnliche Vorstellung. Und doch mußte das erwählte Volk die überraschende Erfahrung machen, daß sein Gott, daß der allmächtige Schöpfer Himmels und der Erde sich abmüht wie ein Arbeiter. Durch seinen Propheten tut er es seinem Volk, tut er es auch uns kund: »Du hast mir Arbeit gemacht«.

Das, liebe Gemeinde, ist die zweite Überraschung in diesem ungewöhnlichen prophetischen Text: Gott arbeitet *an uns*. Denn wir sind, mit Martin Luther zu reden, »noch im Bau«. Wir sind noch nicht fertig. Keiner und keine von uns.

Im Grunde muß das einem halbwegs selbstkritischen Menschen gar nicht erst mitgeteilt werden. Wir müssen es uns auch nicht gegenseitig unter die Nase reiben, daß wir nicht vollkommen, nicht perfekt sind. Und man muß auch gar nicht erst in den Spiegel schauen, um an sich selbst wahrzunehmen: nobody is perfect. Wohl wahr!

Aber das ist kein larmoyanter Satz, kein Ausdruck von Resignation. Jedenfalls dann nicht, wenn dieser Satz von der Gewißheit her kommt, daß *Gott* an uns arbeitet. Wir sind noch im Bau – das heißt dann: aus uns wird noch etwas, Gott sei Dank! Und wir dürfen gespannt sein, was am Ende dabei herauskommt. Eine tolle Verheißung! Aus jeder und jedem von Euch, liebe Stiftsstudierende, wird noch etwas. Aus jeder Repetentin und jedem Repetenten wird noch etwas. Denn sie sind noch nicht fertig. Ja, selbst aus einem alt, sehr alt gewordenen Professor kann noch etwas werden. Auch er ist »noch im Bau«. Denn Gott arbeitet noch – nämlich *an uns, an mir.*

Doch die Pointe des prophetischen Textes haben wir mit dieser Einsicht noch nicht erreicht. Denn daß wir noch im Bau sind, das ist eine Anmerkung zum ersten Glaubensartikel, in dem es um das *schöpferische* Handeln Gottes geht: Ich glaube an Gott, den Vater, den Allmächtigen, den Schöpfer des Himmels und der Erde, der auch mich geschaffen hat und noch an mir baut.

Der Prophet aber hat noch etwas anderes im Sinn, er meint noch eine ganz andere Arbeit als Gottes *schöpferisches* Handeln. Wenn der Prophet im Namen Gottes zu Israel sagt: »Du hast mir Arbeit gemacht«, dann geht es darum, daß etwas *aufzuarbeiten*, ja daß etwas *zu verarbeiten* ist. Und was da aufzuarbeiten und zu verarbeiten ist – das sind wiederum wir. Genauer: das sind *unsere Sünden.*

Sünden? Seien wir ehrlich: das Wort ist doch für die meisten von uns längst ein unverständliches Fremdwort geworden. Ein Wort, das man besser nicht in den Mund nimmt. Selbst Kirchenleitungen umgehen es, wo immer sie's können. Moralisches Versagen – damit können wir etwas anfangen. Vor allem, wenn es um das moralische

Versagen der anderen geht, so daß man mit Fingern auf sie zeigen kann. Daß Menschen aneinander schuldig werden – das läßt sich kommunizieren. Und an Schuldvorwürfen mangelt es ja wahrhaftig nicht: in unserer Gesellschaft nicht, in der Völkergemeinschaft nicht und auch in unserer Kirche nicht.

Aber Sünde – das Wort ist uns eher peinlich. Und das, was man früher Sündenbewußtsein nannte – das ist uns so gut wie abhanden gekommen. Wir leben, als ob so etwas wie Sünde überhaupt nicht existiert, etsi peccatum non daretur. Und eben deshalb wird Gott selbst so blaß und immer blasser noch in unserem Leben.

Gegen das Verblassen Gottes redet der Prophet und redet durch ihn Gott selber an. Und er tut es, indem er uns daran erinnert, daß wir ihm Arbeit machen *mit unseren Sünden*: harte Arbeit, Schwerstarbeit.

Arbeitende Personen – das sind alles andere als blasse Erscheinungen. Gott in der Rolle des Arbeiters – das ist etwas anderes als ein blasser Gott. Und ein sich an unseren Sünden abarbeitender Gott – das, liebe Schwestern und Brüder, das ist *Gott konkret*.

Und so wollen wir denn ohne falsche Scheu und Scham von der Sünde reden, die mehr ist als moralisches Versagen und etwas anderes noch als das, was wir einander schuldig bleiben. Gewiß, das alles ist schlimm genug. Und in besonders hellen Stunden tut mir das alles ja auch »herzlich leid und reuet mich sehr«. Doch Sünde – das ist das, was wir *Gott* antun, womit wir *ihn* kränken und beleidigen. Unsere Sünde – sie schlägt *Gott* ins Gesicht und verletzt *sein Herz*.

Was ist das, was Gott wie ein Schlag ins Gesicht trifft, was ihn beleidigt und kränkt? Womit verletzen wir Gottes Herz?

Es ist dasselbe, womit Menschen, die sich lieb gewonnen haben, einander am empfindlichsten wehtun und kränken. Wenn man dem anderen *nicht mehr vertraut*, wenn *das Vertrauen in die Brüche geht*, dann sind auch Freundschaft und Liebe im Eimer.

Verstehen wir nun, was Sünde ist? Wenn ich Gott nicht mehr vertraue, wenn ich mich ihm nicht mehr anvertraue, dann mache ich Gott Arbeit mit meiner Sünde. Und wie! Denn wie schwer es fällt, zerbrochenes Vertrauen zu verarbeiten, das wissen viele von uns aus eigener bitterer Erfahrung. Da wird das pralle Leben dürr und schal. Da schmeckt uns nichts mehr. Mißbrauchtes Vertrauen, entzogenes Vertrauen, zerbrochenes Vertrauen – das ist wie ein Gift, das *alles* vergiftet. Die kleinste Portion davon entfaltet eine ungeheure Wirkung. Selbst der Himmel verfinstert sich. Und deprimierender Nebel legt sich auf unser Gemüt.

Und nun ist das die letzte Überraschung in den weiß Gott ungewöhnlichen Sätzen des Propheten: Gott *verarbeitet* unseren Vertrauensbruch. Und er tut es so, daß *er* nicht aufhört, *uns* zu vertrauen. Sein verletztes Herz hört nicht auf, für uns zu schlagen. Gott bleibt uns treu. Um *seinetwillen*, wie es in unserem Text heißt. Gott würde aufhören, Gott zu sein. Er würde seine Identität verlieren, wenn er aufhörte, uns untreuen Geschöpfen treu zu sein, unverbrüchlich treu. Seine Ehre steht auf dem Spiel. Um seiner Ehre willen bleibt er uns treu: uns mehr oder weniger schrägen Typen, deren Vertrauen er immer wieder aufs Neue erwerben muß.

Das, liebe Gemeinde, ist gemeint, wenn beim Propheten davon die Rede ist, daß Gott unsere Sünden wegwischt wie eine Wolke, daß er sie tilgt wie die aufgehende Sonne den Morgennebel. Das sind herrliche Gleichnisse und Bilder für die Vergebung der Sünden.

Man kann sie freilich leicht mißverstehen: so als sei das für Gott ein Kleines: Sünden zu vergeben. Eine Wolke wegzuwischen, den Morgennebel aufzulösen – das dürfte dem allmächtigen Schöpfer des Himmels und der Erde ja in der Tat keine Mühe machen. Ein Kleines – nicht der Rede wert!

Doch darauf will der Prophet mit seinen Bildern und Gleichnissen nicht hinaus. Er redet ja von unseren Sünden und davon, daß Gott ihrer nicht mehr gedenken, daß er nicht mehr an sie denken will. Auch der Vergeßlichste unter uns weiß, wie mühsam das ist: an etwas nicht mehr zu denken, was uns zutiefst verletzt und gekränkt hat. Vergessen ist leicht. Aber nicht mehr vergessen wollen – das ist verdammt schwer. Und gelingt nur selten.

Auch für Gott ist das mühsam: unserer Sünden nicht mehr zu gedenken. Denn auch er hat ein verletzbares Herz, das sich abarbeiten muß an uns und unserem Unglauben. Aber es gelingt ihm. Das ist die frohe Botschaft, das ist das Evangelium in den Worten des Propheten: Gott schafft es.

Und daß er es schafft, das wird uns in den prophetischen Bildern und Gleichnissen von den weggewischten Wolken und dem weggeblasenen Nebel vor Augen geführt.

Wenn der Himmel wolkenfrei ist, wenn die aufgehende Sonne den Morgennebel auflöst, dann wird der Himmel leuchtend blau. Und überaus klar. Und unendlich weit. Unter einem solchen Himmel lebt, wem die Sünden vergeben werden. Unter einem solchen Himmel leben also auch wir, liebe Schwestern und Brüder. Und dieser Himmel über uns will sich Tag für Tag in unserem Leben spiegeln, will sich in meinem irdischen Dasein reflektieren. Wohlgemerkt: ein Himmel leuchtend blau und tief wie die Ewigkeit – in unserer durch Geburt und Tod begrenzten Lebenszeit will er sich spiegeln und reflektieren; ein Himmel, überwältigend klar wie Gott selbst – in unser oft so verworrenes und verwirrendes Leben will er »allerneuende Klarheit« bringen. Und eben dieser Himmel, leuchtend blau und tief wie die Ewigkeit und von überwältigender Klarheit wie Gott selbst, ist zugleich ein Himmel von unendlicher Weite, der unserem Leben einen weiten Horizont eröffnet – so weit wie die Freiheit, zu der er uns befreit. Amen.

Klagelieder 3,22f. und 33

Die Gnade des Herrn – sie hört nicht auf. Deine Barmherzigkeit – sie hat kein Ende. Neu ist sie jeden Morgen. Ja, Deine Treue ist groß … Nein, niemals von Herzen plagt und betrübt er die Menschenkinder.

Glücklich, liebe Gemeinde, glücklich der Mann, selig die Frau, glückselig der Mensch, der so reden kann, der aus tiefstem Herzen und voller Überzeugung singen kann: »All Morgen ist ganz frisch und neu / des Herren Gnad und große Treu«!

Daß jeden Morgen die aufgehende Sonne der Nacht ein Ende macht das, liebe Gemeinde, erfahren wir Tag für Tag. Eine beglückende Erfahrung – jedenfalls für Frühaufsteher. Der Morgenmuffel indessen murmelt vielleicht vor sich hin, daß das doch etwas ganz Selbstverständliches ist. Und in der Tat: daß das Dunkel der Nacht dem Tage weichen muß, das ist das Selbstverständlichste von der Welt. Und dennoch beglückt dieses Allerselbstverständlichste seit Menschengedenken bis zum heutigen Tag jedes auch nur etwas sensible Menschenkind – unter den Frühaufstehern, versteht sich. Und dient als Gleichnis für den Sieg der Klarheit über das Verworrene, für den Sieg der Wahrheit über Lüge und Heuchelei, für den Sieg der Aufklärung und Weisheit über Aberglaube und Torheit. In Mozarts Zauberflöte haben solche Gleichnisse bezaubernde Töne gefunden. Sie erinnern sich: »Bald prangt, den Morgen zu verkünden, die Sonn auf goldner Bahn, bald soll der Aberglaube schwinden, bald siegt der weise Mann« – so singen am Anfang des Finale der Zauberflöte die drei Knaben. Und ganz am Schluß bestätigt Sarastro: »Die Strahlen der Sonne vertreiben die Nacht, zernichten der Heuchler erschlichene Macht!« Man kann aufatmen. Beglückende Erfahrung!

In unserem Predigttext dient der Beginn des neuen Tages ebenfalls als Gleichnis: nun aber für die Gnade Gottes, die alle Morgen neu ist. Gnade – das heißt in der Sprache der Bibel: Nähe, wohltuende Nähe, unverdient, aber überaus wohltuend.

Gewiß, es gibt auch beklemmende Nähe. Vor allem dann, wenn eine mir nicht gerade sympathische Person mir zu nahe kommt. Doch wenn sich uns eine Person nähert, die uns lieb ist – ja, das ist eine ganz andere Sache. Dann kann uns die geliebte Person gar nicht nahe genug kommen. Ja, es gibt wohltuende Nähe.

Jeder und jede von uns weiß, wie sehr uns menschliche Nähe gut tut: nicht nur die Nähe der Eltern den Kindern, sondern genauso die Nähe der Kinder den Eltern. Auch zwischen Lehrern und Schülern gibt es – zumindest manchmal – beglückende Nähe. Ganz zu schweigen von der ganz besonderen Nähe zwischen Mann und Frau. Man muß sie ja nicht gleich so gewagt beschreiben wie Papageno das getan hat, als er behauptete: »Mann und Frau und Frau und Mann reichen an die Gottheit an«. Das geht zumindest dem Theologieprofessor dann doch etwas zu weit. Und dennoch: die beglückende Nähe zwischen Mann und Frau ist auf dieser Erde schon etwas ganz Besonderes. Kein Wunder, daß diese Nähe in allen möglichen – und manchmal auch unmöglichen – Tönen besungen wurde und immer wieder besungen wird.

Und nun also, und zwar alle Morgen neu: Gottes Nähe! Eine Nähe, die wir wahrhaftig nicht verdient haben, die uns aber so überwältigend wohltut und beglückt, daß sie in alle Bereiche unseres Lebens ausstrahlt. Wer diese Nähe erfährt, ja der ist wahrhaftig glücklich, der ist glückselig zu preisen.

Also ist die ganze hier versammelte Gemeinde, also sind wir alle selig zu preisen? Denn zu Beginn unseres Gottesdienstes haben wir das doch gemeinsam gesungen: »All Morgen ist ganz frisch und neu des Herren Gnad und große Treu«! Und wenn mein Gehör mich nicht getäuscht hat, haben wir das aus vollem Herzen gesungen – gerade so, als hätte jede und jeder von uns dasselbe erfahren, nämlich daß Gottes Treue groß und daß seine Gnade, seine unverdiente, aber wohltuende Nähe alle Morgen frisch und neu ist.

Jeden Morgen frisch kommen allerdings auch der Kaffee oder der Tee und die Brötchen auf den Tisch. Jeden Morgen neu läßt die Dusche ihr belebendes Wasser auf unseren müden Leib niedergehen. Und das alles ganz selbstverständlich – so wie jeden Morgen ganz selbstverständlich aus dem zarten Morgenrot die leuchtende Sonne auftaucht, um sich auf »ihre vorgeschriebene Reise« zu begeben. Nichts Neues unter der Sonne? Mag sein! Aber die Sonne selbst ist alle Morgen frisch und neu. Und »ihr Anblick« gibt nicht nur »den Engeln Stärke«. Auch wir sterblichen Menschen stimmen zu: »Die unbegreiflich hohen Werke sind herrlich wie am ersten Tag«.

Jeden Morgen könnte man also ein Loblied auf den Schöpfer und auf seine Werke anstimmen. Leicht und beschwingt müßte es uns über die Lippen kommen. Jeden Morgen könnte man sich aufs Neue des Lebens freuen. Und am Abend dann, bei Sonnenuntergang, einen Blues tanzen.

Wenn nicht gerade ein Hurrikan New Orleans unter Wasser setzt, so unter Wasser setzt, daß das Kriegsrecht ausgerufen werden muß und das Tohuwabohu in Gottes Schöpfung wieder einzubrechen droht. Oder wenn nicht gerade in Südostasien ein Tsunami kultivierte Landschaften verwüstet und das Leben unzähliger Menschen jäh beendet. Oder wenn nicht grade in Bagdad auf einer Brücke über dem Tigris unter frommen Pilgern das Chaos ausbricht, weil terroristischer Wahn vom selbsterzeugten Chaos profitieren zu können meint. Oder wenn nicht gerade eine beschädigte Seilbahn fröhliche Kinder mitsamt ihren Betreuern in den Abgrund stürzen läßt und ihr eben noch so glückliches Leben jäh beendet. Oder wenn nicht gerade ein Mensch im Morgengrauen von einer Nierenkolik so heimgesucht wird, daß dieser Mensch ganz erbärmlich zu wimmern beginnt. Dann erstirbt das Lob des Schöpfers auf unseren Lippen. Dann zerschneiden Schreie die Luft. Und die Schreie artikulieren sich langsam aber sicher zu Fragen, zu ebenso elementaren wie bedrängenden Fragen: Warum? Wozu? Warum ich?

Das sind Fragen, die wir auch dem Schöpfer nicht ersparen können, liebe Gemeinde. Und auch nicht ersparen dürfen. Sie stellen sich gebieterisch und unabweisbar. Aber wir können sie nicht beantworten.

Doch was wir können, was selbst der Unfrömmste, was selbst der Gottlose kann: er kann klagen. Und er kann seine Klagen – sei es in frommen, sei es in gottlosen Formulierungen – Gott ins Ohr schreien. Wenn es einem dreckig geht, wenn einem hundeelend zumute ist, dann sucht man nicht erst nach protokollgerechten Formulierungen, obwohl die dem himmlischen Hofstaat und der irdischen Theologie sicherlich lieber wären. Nein, dann redet man, wie einem der Schnabel gewachsen ist. Und dann schreit man aus sich heraus, was einen quält und plagt und betrübt.

Ja, liebe Gemeinde, das können wir: wir können Gott, ihm selbst, unser Leid klagen – sei es so oder so oder nochmals anders. Und wir dürfen gewiß sein: was immer da zur Sprache kommt und wie immer es zur Sprache kommt: Gott will es hören. Das mag dem himmlischen Hofstaat, der die unbegreiflich hohen Werke des Schöpfers preist, peinlich, das mag der Gottesgelehrsamkeit sogar gotteslästerlich erscheinen – Gott will es dennoch hören. Und sich zu Herzen nehmen.

Und den pikierten himmlischen Hofstaat, aber auch eine allzu selbstsichere Theologie darf man daran erinnern, daß jener Lobpreis der Gnade Gottes, die alle Morgen frisch und neu ist, sich mitten in einem Klagelied findet.

Das Alte Testament ist voll von solchen Klageliedern. Im Psalter finden sich sogar weitaus mehr Klagelieder als Lobes- und Dankeshymnen. Und das nicht etwa deshalb, weil Gottes erwähltes Volk ein besonders wehleidiges oder larmoyantes Volk ist. Ganz im Gegenteil! So zu klagen, wie Israel das in seinen Psalmen getan hat, vermag nur, wer leidenschaftlich in das Leben verliebt ist. Und Gott so in das eigene Elend hinein- und herabzuziehen, wie Israel das in seinen Klageliedern getan hat, das vermag nur, wer diesen Gott ebenfalls als einen leidenschaftlichen Liebhaber des Lebens kennt. Und deshalb können wir in diese Klagelieder nur einstimmen, wenn wir Gott ganz persönlich als Liebhaber unseres eigenen Lebens kennen. Dann aber werden die alten Klagelieder Israels unsere eigenen Lieder.

Es sind uralte Lieder. Vor mehr als 2500 Jahren haben erniedrigte und gedemütigte Juden sie angestimmt. Wer diese Lieder verstehen will, muß also weit zurückgehen in der Geschichte der Menschheit, muß tief hinabsteigen in den tiefen Brunnen der Vergangenheit.

Doch die uralten Lieder führen uns nicht nur zurück in die tiefste Vergangenheit. Sie dringen zugleich tief in unser gegenwärtiges Leben ein und finden in unserem Innersten einen unmittelbaren Widerhall, unmittelbare Resonanz.

Blicken wir zunächst zurück! In den Lamentationes, wie die Klagelieder auf lateinisch heißen, lamentiert das erwählte Volk. Von seinem Elend ist die Rede, von seinem selbstverschuldeten Elend, wie die klagenden Beter selbstkritisch bekennen. Was war geschehen?

Das »gelobte Land«, in dem die Bruderstaaten Israel und Juda entstanden waren, ist bis heute umstrittenes Land. Auf dieser Landbrücke zwischen Afrika und Vorderasien war man ständig mit den politischen Interessen Ägyptens und Mesopotamiens konfrontiert – damals noch sehr viel mehr als heute. Das war auch so, als Nebukadnezar babylonischer Großkönig war. In Jerusalem wußte man, daß von Babylon her Unheil drohte. Doch man hoffte, sich den Großmachtsansprüchen des Ostens mit Hilfe der ägyptischen Großmacht im Westen widersetzen zu können. Jerusalem setzte sein ganzes Vertrauen in politische Manöver. Und das ging schief. Nach einigem Hin und Her wurde die Stadt von Nebukadnezar ausgehungert und im Jahr 587 v. Chr. erobert. Der Tempel, der Königspalast und die Mauern der Stadt wurden niedergerissen, der König geblendet, nachdem er zuvor die Abschlachtung seiner Söhne hatte mit ansehen müssen. Die Spitzen der Priesterschaft und der königlichen Beamtenschaft wurden hingerichtet, die restliche Oberschicht wurde deportiert. Und das Königreich Juda versank für Jahrzehnte im geschichtlichen Dunkel. Nur die Klage über das maßlose Elend klingt aus jenem Dunkel an unser Ohr.

Da klagt das zwar erwählte, nun aber deportierte Volk sich selber an und beklagt, daß es sein Vertrauen auf den ägyptischen König gesetzt hat statt auf Gott. Doch die Klagenden wimmern nicht einfach so vor sich hin. Sie schreien aus der Tiefe ihrer Not zum Himmel empor. Sie schreien ihrem Gott de profundis ihr Elend ins Ohr. Und rufen ihn in ihr Elend herab.

Und wir dürfen zuhören. Und einstimmen. In der jüdischen Liturgie haben die Klagelieder seit alters ihren festen Ort, bis heute. In der katholischen Liturgie werden sie in der Karwoche angestimmt, bis heute. Und immer wieder haben bedeutende Komponisten wie Leonard Bernstein und Igor Stravinski die alten Klagelieder vertont. Bis heute sprechen sie allen denen aus dem Herzen, die elend und verzweifelt sind und nicht mehr ein noch aus wissen.

Oft klagen die gedemütigten und erniedrigten Menschen gemeinsam. Doch im dritten Kapitel der Klagelieder, in dessen Kontext sich auch das Loblied auf Gottes nicht endende Gnade findet, meldet sich (in den Versen 4-6) ein einzelnes menschliches Ich zu Wort: ein Ich, dessen Körper zerfällt und dessen Seele im Finstern wohnt. Gemeint ist die tödliche Finsternis, die alles gleichmacht. Schon dem Körper fällt es im Dunkel der Nacht schwer, die Dinge zu unterscheiden. Wenn aber auch die Seele im Finstern wohnt, dann verliert jedes Ding und jedes Individuum sein eigenes Profil, seine eigenen Konturen, seine eigenen Farben: alles wird ununterscheidbar gleich und eben deshalb gleichgültig, so gleichgültig, daß nichts und niemand mehr um seiner selbst willen interessant ist.

Dann wechselt das Bild, und es meldet sich (in Vers 7) ein Ich zu Wort, das sich eingemauert wähnt. Kein Schritt ist mehr möglich, weder vorwärts noch zurück. Und auch seitwärts führt kein Weg ins Freie. Und auch diesmal ist es nicht nur der Körper, dem – wie in einem Gefängnis – die Bewegungsfreiheit genommen wird und der nur nach Vorschrift seine Runden drehen darf. Auch hier ist es zugleich die Seele, die nicht mehr weiter weiß, sondern überall auf Mauern stößt: auf Mauern, die sie vielleicht sogar selber errichtet hat. Eingemauerte Existenz! Existenz ohne Zukunft! Reduzierte Lebenswirklichkeit ohne Möglichkeiten!

Doch eine Möglichkeit kann auch die trübste Finsternis, können auch die dicksten Mauern dem leidenden Ich nicht nehmen: die Möglichkeit zu klagen. Tyrannen aller Art möchten den von ihnen gepeinigten Menschen auch diese Möglichkeit nur zu gern nehmen und auch noch ihre Seele zum Verstummen bringen. Aber das können sie nicht. Das können sie Gott sei Dank nicht.

Nicht auszudenken, wenn ihnen auch das noch gelänge. Wenn wir nicht mehr klagen könnten, liebe Gemeinde, dann hätten Hölle, Tod und Teufel und alle ihre Handlanger ihr niederträchtiges Spiel gewonnen. Dann blieben dem eingemauerten Ich nur noch die unfreiwilligen Bewegungen eines gespenstischen Totentanzes. Und »die unbegreiflich hohen Werke« des Schöpfers wären nur noch die makabre Kulisse dazu.

Doch so ist es eben nicht. Wir können klagen. Wer klagt, ist zwar am Boden, der ist unten, ganz unten. Doch das Vermögen, zu klagen, kommt wie alle gute und vollkommene Gabe von oben herab, von dem Vater des Lichtes (Jak. 1,17).

Deshalb: wohl dem, der noch klagen kann! Solange wir klagen, leben wir noch. Mehr noch: solange wir klagen, leben wir mit Gott, lebt Gott mit uns zusammen. Und kommt uns mitten im Elend nahe.

Und nun, liebe Gemeinde, kann man verstehen, daß mitten in einem Klagelied die Gewißheit entsteht, daß – allem Anschein zum Trotz – Gott von Herzen etwas anderes will als seine Menschenkinder zu plagen und zu betrüben. Kommt er uns in unserem Elend nahe, dann will er mitten im Elend mit uns zusammenleben und uns an seinem eigenen Leben teilgeben. Und sein Leben – das ist ein Leben im Licht und ein Leben in Freiheit. Kommt er uns nahe, ist er uns gnädig, dann wird auch unser Leben ins Helle und ins Freie gelangen. Und der Sonnenaufgang wird zum Gleichnis für ein ewiges Leben in Freiheit und im Licht.

Große Ereignisse werfen ihre Schatten voraus – sagt der Volksmund. Das ewige Licht wirft zwar keine Schatten. Doch es wirft irdische Helligkeit voraus: Licht, in dem man wieder unterscheiden lernt, und in dem jedes Ding und jedes Individuum sein eigenes Profil, seine eigenen Konturen, seine eigenen Farben zeigt. »Schau an der schönen Gärten Zier und siehe, wie sie mir und dir sich ausgeschmücket haben. Die Bäume stehen voller Laub, das Erdreich decket seinen Staub mit einem grünen Kleide; Narzissus und die Tulipan, die ziehen sich viel schöner an als Salomonis Seide. Die Lerche schwingt sich in die Luft...« Ja, liebe Gemeinde, das alles und sehr viel mehr noch kann man nun sehr genau sehen und als Gleichnis verstehen für das, was sich uns dermaleinst im ewigen Licht enthüllen wird. Gewiß, diese Welt vergeht, wenn Gottes Ewigkeit kommt. Doch Gottes Ewigkeit versteht nur, »wer in die Welt geblickt« – auch und gerade dann, wenn er dabei in Not und Elend verstrickt wird.

Und wenn er gar inmitten der Klage über das Elend der vergehenden Welt am eigenen Leibe und in der Tiefe seiner Seele erfährt, daß Gottes Gnade alle Morgen frisch und neu ist, dann, ja dann darf man ihn wahrhaftig glücklich, selig, glückselig preisen. Glücklich ein solcher Mann, selig eine solche Frau, glückselig dieser Mensch!

Doch daß mir nun keiner aus mißverstandener Frömmigkeit grundlos zu klagen beginnt! Bloß das nicht! Man kann auch, wenn einem Leid und Elend erspart bleiben, die aufgehende Sonne als Gleichnis der Gnade Gottes begrüßen, die alle Morgen frisch und neu ist. Ja, man kann auch mit einer stinknormalen Biographie, man kann sogar mit einem glücklichen Lebenslauf glückselig werden. Amen.

Matthäus 2,1-3.7-12

Epiphanias – das ist Weihnachten. Etwas anders zwar, aber doch Weihnachten. Und so geht es in Ordnung, daß heute nun die letzten Kantaten des Bachschen Weihnachtsoratoriums zu Gehör kommen.

Weihnachten setzt in Bewegung. Die in den Evangelien erzählte Geschichte von der Menschwerdung Gottes strotzt geradezu von Bewegungen, von sehr unterschiedlichen und sehr ungewöhnlichen Bewegungen.

Und diese Geschichte stellt uns die Frage, wohin *wir* uns bewegen, wohin *ich* mich bewege. Und wohin sich *unsere Kirche* bewegt.

Irgendwohin, ohne Ziel, irgendwie ins Ungewisse?

Oder stramm geradeaus, bestens indoktriniert – etwa so, wie es einst den »Jungen Pionieren« in der DDR zu singen verordnet wurde: »Du hast ja ein Ziel vor den Augen, damit Du in der Welt Dich nicht irrst…«?

Oder sind wir einfach als wache und offene Menschen unterwegs: hellwach und offen für neue Erfahrungen und neue Entdeckungen – vielleicht sogar bereit, zu neuen Ufern aufzubrechen, doch dies in der Gewißheit, bei jedem Schritt von guten Mächten wunderbar geborgen zu sein?

Wie auch immer – wenn wir darauf achten, was uns die Weihnachtsgeschichte an Bewegungen vor Augen führt, können wir vielleicht für unser eigenes Leben und für das Leben unserer Kirche ein wenig Orientierung gewinnen, wo auch immer und wie auch immer wir unterwegs sein mögen. Nur auf der Stelle treten – das kann man nicht, wenn uns die Weihnachtsgeschichte wirklich bewegt.

Die Weihnachtsgeschichte, die *Lukas* erzählt und die im Mittelpunkt des Heiligen Abends zu stehen pflegt, ist nicht nur eine bewegende, sondern selber eine überaus bewegte Geschichte. Wer bricht da nicht alles auf und setzt sich in Bewegung!

Erstens: Als der römische Kaiser Augustus eine Volkszählung anordnete und vorschrieb, daß man sich in seiner jeweiligen Geburtsstadt in die Listen der Behörden einschreiben lassen müsse, da ging jedermann los, »daß er sich schätzen ließe, ein jeder in seine Stadt«. Ein klein bißchen kaiserliche *Weltgeschichte* wird da erzählt, zu der die Pauken und Trompeten am Beginn des Bachschen Weihnachtsoratoriums gut passen würden. Doch die gelten einer anderen Majestät. Das Gebot des römischen Kaisers setzte ohne Trommeln und Trompeten unzählige Menschen in Bewegung: ein Stück *Weltgeschichte* also, nicht weniger, allerdings auch nicht mehr.

Zweitens: »Da machten sich auch auf Joseph aus Galiläa, aus der Stadt Nazareth, in das jüdische Land zur Stadt Davids, die da heißt Bethlehem, ... mit Maria, seinem vertrauten Weibe, die war schwanger.« Ein Stück *Familiengeschichte* wird da erzählt, in der der Familienvater freilich nur eine Nebenrolle spielt: eine nicht unkomplizierte Familiengeschichte aus dem alten Israel: ein Stück *jüdische Familiengeschichte* also, aber auch nicht mehr.

Doch als Maria ihren ersten Sohn gebar, da geriet nun – drittens – auch der Himmel in Bewegung. Der Engel des Herrn brach auf und brachte die majestätische Klarheit Gottes vom Himmel auf die Erde herab. Vom Himmel hoch, da kam er her, der Engel, um den Hirten, die in derselben Gegend auf dem Felde ihre Herde hüteten, große Freude zu verkündigen: Freude, Freude über Freude, »die allem Volk widerfahren soll«. Das ist nun nicht mehr nur ein Stück Weltgeschichte und auch nicht nur ein Stück jüdischer Familiengeschichte. Nein, hier mischt sich *Gottes Heilsgeschichte* in die Geschichte einer Familie, in die Geschichte Israels und in die Geschichte der Welt ein. Hier wird die Ewigkeit zeitlich. Hier begegnet das Jenseits mitten im Diesseits. Hier wird Gott einer von uns.

Und damit das klar, damit das auch dem letzten Hirten und dem letzten Professor klar wird, setzt sich – viertens – dann auch noch das ganze Heer der himmlischen Heerscharen in Bewegung und bricht ebenfalls auf, um hier auf Erden das *Gloria* anzustimmen, das sonst nur in den uns irdischen Menschen unzugänglichen himmlischen Hierarchien zu hören ist. Ja, »Ehre sei Gott in der Höhe!«

Aber der ist ja nun ganz unten: in einem Menschenkind ist er da. Da und nah: jedem anderen Menschenkind auf Erden ganz nah: er, »den aller Weltkreis nie beschloß« ist nun mein Nächster. Gottes ureigene, Gottes ewige Geschichte geschieht von da an mitten unter seinen Geschöpfen. Und wenn wir es dann und wann einmal merken, dann sind nun wirklich die Bachschen Pauken und Trompeten angebracht. Ja, »jauchzet, frohlocket, auf, preiset die Tage. Rühmet, was heute der Höchste getan!«

So könnten die Hirten gesungen haben, als nun – fünftens – auch sie aufbrachen, um »die Geschichte zu sehen, die da geschehen ist«. Und sie sahen Maria und Joseph und das Kind in der Krippe.

Und dann setzten die Hirten sich erneut in Bewegung, um »das Wort« auszubreiten, »das zu ihnen von diesem Kinde gesagt war«. Das dürfte der Anfang der christlichen Mission und also der Anfang der – sich selbst noch nicht begreifenden – Kirchengeschichte gewesen sein.

Soweit, liebe Gemeinde, in groben Zügen die Weihnachtsgeschichte, wie sie Lukas erzählt: eine Geschichte voller Aufbrüche und eine Geschichte von Gottes ewiger Klarheit, die einen hellen Schein in unsere Welt gebracht hat. Ich habe an sie noch einmal erinnert, weil der heutige Predigttext aus dem *Matthäus-Evangelium* die Weihnachtsgeschichte doch recht anders erzählt. Sie bekommt nun einen dunklen, einen bedrohlichen Hintergrund, in dem »die stolzen Feinde schnauben«. Aber auch bei Matthäus setzt Weihnachten etwas in Bewegung, und es kommt auch hier zu einem Aufbruch, zu einem Aufbruch ganz besonderer Art. Hören wir also auf Gottes Wort, wie es im 2. Kapitel des Matthäus-Evangeliums bezeugt ist:

Als Jesus geboren war in Bethlehem in Judäa zur Zeit des Königs Herodes, siehe da kamen Magier aus dem Morgenland nach Jerusalem und sprachen: Wo ist der neugeborene König der Juden? Wir haben seinen Stern gesehen im Morgenland und sind gekommen, ihn anzubeten. Als das der König Herodes hörte, erschrak er ... Da rief Herodes die Magier heimlich zu sich und erkundete genau von ihnen, wann der Stern erschienen wäre, und schickte sie nach Bethlehem und sprach: Zieht hin und forscht fleißig nach dem Kindlein; und wenn Ihr's findet, so saget mir's wieder, daß auch ich komme und es anbete. Als sie nun den König gehört hatten, zogen sie hin. Und siehe, der Stern, den sie im Morgenland gesehen hatten, ging vor ihnen her, bis er über dem Ort stand, wo das Kindlein war. Als sie den Stern sahen, wurden sie hocherfreut und gingen in das Haus und fanden das Kindlein mit Maria, seiner Mutter, und fielen nieder und beteten es an und taten ihre Schätze auf und schenkten ihm Gold, Weihrauch und Myrrhe. Und Gott befahl ihnen im Traum, nicht wieder zu Herodes zurückzukehren; und sie zogen auf einem anderen Weg wieder in ihr Land.

Auch das gehört also zur Weihnachtsgeschichte: daß da heidnische Magier – Luther übersetzt sehr großzügig und nennt sie »weise Männer« –, daß da heidnische Magier oder von mir aus auch Weise, wie sie heidnischer kaum sein konnten, von dem Sohn der Maria geradezu magisch angezogen wurden. Sie verstanden sich – wie all die heidnischen Sybillen und Seher – auf »Vogelflug und Länder der Sterne«. Vielleicht leitete sie ja auch das moralische Gesetz in uns. Vielleicht. Doch mit Sicherheit verstanden sie sich auf den bestirnten Himmel über uns. Und so war es denn auch ein Stern, der sie aus dem heidnischen Morgenland zunächst nach Jerusalem, in die Stadt des Königs Herodes, und dann weiter nach Bethlehem, in die Stadt Davids, führte.

Zu welchem Ziel und Ende? Heute würde man wohl vermuten, daß sie einen interreligiösen Dialog führen wollten. Aber soviel theological correctness war damals noch nicht up to date. Sie bewegte etwas anderes. Sie folgten ihrem Stern, weil sie beten, weil sie anbeten wollten. Und sie erinnern uns daran, daß das jeder kann. Selbst wer sonst gar nichts kann: das Recht und das Vermögen, zu beten und anzubeten, kann ihm niemand nehmen. »Und weil ich nun nichts weiter kann, bleib ich anbetend stehen« – an der überwältigenden Logik dieser schlichten Feststellung beißt sich selbst der Teufel die Zähne aus. Und so folgen denn die Magier ihrem Stern bis sie anbetend stehen bleiben, um ihre Knie vor dem zu beugen, der wahrhaft anbetungswürdig ist.

Einem Stern, seinem Stern folgen – die biblische Redeweise ist sprichwörtlich geworden für einen Lebensweg, der unbeirrt sein Ziel verfolgt. Nichts dagegen! Auch ich bin meinem Stern gefolgt. Doch das interessiert jetzt nicht. Ich gönne es freilich jedem und jeder von uns, daß sie alle ihren ureigenen Weg finden und ihn zumindest einigermaßen unbeirrt auch gehen können. Und so wollen denn auch wir jedem Mann, jeder Frau, ja schon jedem Kind wünschen, daß sie alle ihren Stern haben, der sie an ihr ureigenes Ziel führt.

Doch mein Stern kann mich auch dahin führen, wohin ich nicht will, wohin ich auf keinen Fall will. Das von mir erstrebte Ziel und das Ziel, das mir gesetzt ist, können weit, können sehr weit auseinanderklaffen.

Das mag in einem Fall unser Glück sein. Denn wie oft erstreben wir, und zwar mit bestem Wissen und Gewissen, das Falsche. Dann ist der Stern, der uns dahin führt, wohin wir nicht wollen, unser Glück. Und wir können beglückt lachen.

Doch es kann in einem anderen Fall, wenn mein Stern mich dahin führt, wohin ich partout nicht will, auch bittere Enttäuschung über mich kommen. Mein Stern kann mich auch dahin führen, wo es nichts mehr zu lachen gibt. Echte, authentische Märtyrer kennen diese Erfahrung. Und in weitem Abstand von ihnen kennt sie auch die eine oder der andere von uns. Und dann weinen wir – bitterlich.

Die Magier aus dem Morgenland hatten Glück. Denn als sie den Stern über dem Ort sahen, wo das Kind war, »wurden sie hocherfreut und gingen in das Haus und fanden das Kindlein mit Maria, seiner Mutter, und fielen nieder und beteten es an und taten ihre Schätze auf und schenkten ihm Gold, Weihrauch und Myrrhe«. Dann verschwinden sie – auf Nimmerwiedersehen.

Nach der frommen Legende tauchen sie zwar noch einmal auf. Man weiß nun, was Matthäus noch nicht wußte: nämlich daß es *drei* Personen waren. Und man kennt nun sogar ihre Namen. Und da sie irgendwann gestorben sind, hat die fromme Legende sogar die Gebeine der Toten noch einmal in Bewegung gesetzt und sie im Kölner Dom ihre letzte Ruhe finden lassen. Doch dergleichen können zumindest evangelische Christen getrost auf sich beruhen lassen.

Es hat nämlich seinen guten Sinn, daß das Matthäus-Evangelium die Magier aus dem Morgenland, nachdem sie den Mensch gewordenen Gott gefunden und angebetet hatten, wieder verschwinden läßt. Sie sind nun weg – auf Nimmerwiedersehen. Sie sollen, nachdem sie unseren Blick auf Jesus Christus gelenkt haben, den Zugang zu ihm nicht verstellen. Deshalb müssen sie wie jeder und jede rechte Heilige, wenn sie ihr Werk vollbracht und ihre Funktion erfüllt haben, wieder verschwinden. »So geht«, heißt es denn auch in dem Rezitativ, das wir gleich hören werden. »So geht!«

Und ihr Stern geht auch. Von keinem Stern mehr geleitet, sondern einem Wort Gottes folgend ziehen die heidnischen Magier heim in ihr Land. Dann sind sie weg – auf Nimmerwiedersehen.

Das Wort Gottes aber, das sie – wie es sich für heidnische Magier wohl schickt – im Traum vernommen hatten, bestand in der schlichten Weisung, sich auf keinen Fall mehr sehen zu lassen, vor allem bei dem mörderischen Herodes nicht.

Denn der wollte auch aufbrechen – so hatte in Jerusalem König Herodes es den Männern aus dem Morgenland gesagt: er wolle auch aufbrechen, um den neugeborenen König der Juden, sobald sie ihn gefunden hätten, zu verehren und anzubeten. Doch für Herodes war Anbetung gleichbedeutend mit Mord und Totschlag. Das ist der überaus dunkle und bedrohliche Hintergrund der Weihnachtsgeschichte, wie sie Matthäus erzählt.

Ja, auch das gibt es: vergiftete Gebete, mörderische Religiosität. Wir erfahren das noch heute, wir erfahren es fast täglich, wenn im Namen Gottes Menschen ermordet werden. Die christliche Kirche hat das einst auch getan. Und es ist ein Schandmal der christlichen Kirchengeschichte, daß im Namen des dreieinigen Gottes Menschen gefoltert und getötet wurden. Heute sind wir aufgeklärter und vielleicht auch frömmer. Die christlichen Kirchen aller Konfessionen sind sich mit den Weisen unter den Sprechern anderer Religionen heute immerhin darin einig, daß echter Glaube und religiös instrumentalisierter Fanatismus nicht vereinbar sind. Herodes ist kein Vorbild. Und alle heutigen Politiker, die die Religion für ihren eigenen Willen zur Macht zu mißbrauchen wagen, dürfen es auch nicht sein. Denn was sie tun, ist nicht fromm, sondern schamlos.

Im Neuen Testament ist Herodes der Archetyp jener perversen Religiosität, die, statt sich an Gott zu freuen, sich an sich selber ergötzt. Und da ist der Mensch gewordene Gott, da ist ein menschlicher Gott einfach im Wege. Ihn aus dem Weg zu schaffen wie einen Feind, das legt sich dann nur zu leicht all denen nahe, die mit groß Macht und viel List sich rücksichtslos selber verwirklichen wollen.

Auch das gehört also zur Weihnachtsgeschichte, liebe Gemeinde: daß man den zur Welt gekommenen Gott so schnell wie möglich wieder aus dieser Welt heraus drängen will. Und der gottlose Mordanschlag wurde nicht etwa fernab bei den Heiden, sondern mitten in der heiligen Stadt Jerusalem konzipiert: dort, wo der erwachsene Jesus ja dann auch tatsächlich ermordet wurde.

Doch das ist das irdische *Ende* der Geschichte, deren *Anfang* uns die Weihnachtsgeschichte vor Augen führt: bei Lukas eher idyllisch, bei Matthäus mit jenem dunklen, bedrohlichen Hintergrund, der uns durch die Erzählung von den Magiern aus dem Morgenland und von dem verlogenen und nur auf die Erhaltung seiner eigenen Macht versessenen König Herodes vor Augen geführt wird.

Die christliche Legende hat dann aus den morgenländischen Magiern »die heiligen drei Könige« gemacht und sie als »anonyme Christen« sozusagen verkirchlicht. Doch wir sollten sie so heidnisch lassen wie sie waren.

Dann können sie zwar nicht zum Vorbild für uns werden. Aber sie könnten uns einen Wink geben und uns veranlassen, ebenfalls aufzubrechen, um mit all dem Heidentum, das wir in uns und mit uns herumtragen, und mit all dem heimlichen Götzendienst, dem wir immer wieder anheim fallen, vor dem zur Weihnacht Geborenen, vor Jesus Christus zu erscheinen. Und wenn wir dann den Sohn Gottes anbeten, dann bringen wir keine Schätze mit, kein Gold, keinen Weihrauch, keine Myrrhe. Es reicht, wenn wir unser Versagen mitbringen, unsere Bosheiten und unsere Schuld. Und wenn wir all das, dessen wir uns schämen müssen, dem Heiland zum Opfer bringen, dann freut sich der Mensch gewordene Gott. Denn solche Gaben sind ihm lieber als alle Schätze dieser Welt.

Und wenn wir ihm diese Freude machen, liebe Gemeinde, dann wird die Weihnachtsgeschichte auch auf dem dunklen und bedrohlichen Hintergrund, den sie im Matthäusevangelium nun einmal hat, so festlich hell, daß auch wir unsere Freude daran haben und – wie die Magier aus dem Morgenland – vergnügt abtreten und verschwinden können: ein jeder auf seinen eigenen Weg.

Wohin uns dieser Weg auch führt, er wird uns zu Gott führen. Selbst die Umwege führen dahin. Der Schluß des Bachschen Weihnachtsoratoriums sagt mit einfachen Worten, was seit der Geburt Jesu Christi unwiderruflich wahr ist: »Bei Gott hat seine Stelle das menschliche Geschlecht«.

Der Stern der Magier wird freilich keinem von uns voraus ziehen. Der ist weg – auf Nimmerwiedersehen. »Doch wandert nun mit allen der Stern der Gotteshuld«. Amen.

Matthäus 7,12

Alles, was Ihr wollt, daß Euch die Leute tun sollen, das tut Ihnen auch. Denn dies ist das Gesetz und die Propheten.

»Auf klarem Kurs« bewegt sich, wer dieser »goldenen Regel« folgt. Das behauptet das Albertinen-Diakoniewerk, das sich für seine vielfältigen Tätigkeiten diesen Imperativ aus der Bergpredigt zum Leitwort gewählt hat. Zu seinem hundertjährigen Bestehen wollen die Mitarbeiterinnen und Mitarbeiter dieser erfolgreich, ja sagen wir getrost: segensreich wirkenden diakonischen Einrichtung sich erneut auf die »goldene Regel« besinnen. Und erhoffen sich davon gewiß aufs neue »klaren Kurs« für ihre verantwortungsvolle Arbeit.

»Klar« ist diese Regel ja zweifellos, nur allzu klar. Zumindest auf den ersten Blick. »Alles, was Ihr wollt, daß die Leute Euch tun sollen, das tut ihnen auch!« Und umgekehrt: »Was Du nicht willst, das man Dir tu, das füg auch keinem andern zu!« Alles klar! So dachten schon Sibyllen und Propheten. Nach Matthäus rekapituliert diese »goldene Regel« sogar kurz und bündig »das Gesetz und die Propheten«, soll also so etwas wie die Kurzformel des ganzen Alten Testaments sein.

Jedem halbwegs verantwortlich denkenden und moralisch empfindenden Menschen leuchtet diese Regel denn auch unmittelbar ein: nicht nur im privaten Bereich en famille, sondern auch im Bereich des politischen Handelns: hier in Hamburg und drüben in Berlin, hier in Deutschland und weltweit müßte doch alles in bester Ordnung sein, wenn man diese Regel wirklich befolgte. Mein eigenes, ganz persönliches Leben und das öffentliche Leben in Wirtschaft und Gesellschaft, in Staat und Kirche – würde es sich nicht »auf klarem Kurs« bewegen, wenn wir das, was wir von unseren Mitmenschen erwarten, diesen auch unsrerseits angedeihen ließen? Also alles klar!

Wirklich? Ist wirklich alles so klar, wie es auf den ersten Blick zu sein scheint?

Professoren zumindest mißtrauen gerade solchen Sätzen und solchen Situationen, in denen scheinbar alles klar, alles o.k. ist. Und das Hamburger Diakoniewerk hat sich nun einmal für den heutigen Gottesdienst einen Tübinger Theologieprofessor als Prediger auf die Kanzel des Hamburger Michel geholt, also einen, der von Berufs wegen mißtrauisch ist, wenn ihm versichert wird, es sei alles ganz klar.

Fangen wir doch gleich bei ihm an! Ein Prediger möchte von der Gemeinde, der er Gottes Wort auszulegen hat, nach der Predigt gern gelobt werden. Wozu sonst bereitet er sich einigermaßen gründlich vor? Wozu sonst studiert er die Schrift mit heißem Bemühen: wenn nicht dazu, daß die Gemeinde am Ende von Herzen *Amen* sagen kann zu dem, was ihr da gepredigt wurde? Und Amen heißt in diesem Fall nicht nur: *ja, das ist wahr*, sondern immer auch: *gut gemacht, Herr Pastor!* Ein solches Lob freut den Prediger. Nach der »goldenen Regel« – Sie erinnern sich: was Du von Deinen Schwestern und Brüdern hören willst, das laß' auch sie hören! – nach der »goldenen Regel« müßte der Prediger also seinerseits all die Menschen loben, die ihm jetzt zuhören. Doch da läuft er schnell Gefahr, seiner Gemeinde nach dem Mund zu reden und zu vergessen, daß *Gott* zu loben unser Amt ist.

Natürlich tut auch uns Menschen Lob und Anerkennung gut. Und zu einem hundertjährigen Geburtstag erst recht. Aber ein anständiges und unangreifbares Lob wäre das doch nur dann, wenn die vielen guten Werke, die das Albertinen-Diakoniewerk seit hundert Jahren getan hat und sicherlich auch weiterhin tun wird, genau so wie alle ordentlichen Predigten, von sich selber weg weisen und den loben, von dem alle gute und vollkommene Gabe und also auch jedes recht getane Werk her kommt. Denn: *Gott* loben – das ist unser Amt.

Sie sehen, liebe Gemeinde, die »goldene Regel« bereitet zumindest dem Prediger einige Verlegenheit. Er droht, vom

»klaren Kurs« des Evangeliums abzukommen, wenn er sich ohne Wenn und Aber an die »goldene Regel« hält. Ganz so klar, wie es zunächst schien, ist diese Regel offensichtlich nicht.

Immanuel Kant hat sie denn auch nicht »golden« sondern »trivial« genannt und davor gewarnt, sie mit seinem »kategorischen Imperativ« einfach gleichzusetzen. Nicht ohne eine gehörige Portion Ironie weist der scharfsinnige Königsberger auf die Probleme hin, in die der Rechtsstaat geraten würde, wenn der Verbrecher seinem Richter gegenüber mit der »goldenen Regel« argumentieren würde und das hohe Gericht bei der Urteilsfindung sich darauf einließe. »Willst Du in Freiheit leben, gestrenger Richter, dann sprich auch mich frei!« Wenn das hohe Gericht sich auf diese Argumentation einließe, dann müßte der Rechtsstaat, statt »klaren Kurs« zu halten, wohl bald Konkurs anmelden. Denn wo kommt das schon vor, daß ein straffällig gewordener Übeltäter seinem Richter gegenüber erklärte: »Ich erkenne, daß ich Strafe verdient habe, und bitte um eine gehörige solche«? In der Komödie, gewiß. Aber sonst?

Und wann kommt das schon vor, daß der HSV bei einem Fußballspiel gegen den FC Bayern München, weil er unbedingt siegen will, sich den Bayern gegenüber nach der »goldenen Regel« verhält und also statt ins Tor tapfer daneben schießt? In der Kriminalgeschichte des Fußballs soll dergleichen ja wirklich vorkommen. Aber sonst? Gegen wen auch immer der HSV antritt, die »goldene Regel« sollte er während des Spiels nur soweit beachten, als sie auf beiden Seiten »fair play« einfordert.

Man hat die »goldene Regel« das »Gegenseitigkeitsprinzip« genannt. Doch konsequent zu Ende gedacht kann das »Gegenseitigkeitsprinzip« auch darauf hinaus laufen, daß eine Krähe der anderen kein Auge aushackt. Auch das garantiert zweifellos »klaren Kurs«. Aber einen klaren Kurs in die Hölle, an deren Pforte dann wohl die Inschrift stehen müßte: Wohl dem, der keine Krähe ist!

Was nun, liebe Festgemeinde? Sind wir nun doch von jenem »klaren Kurs« abgekommen, dem sich das Albertinen-

Diakoniewerk verpflichtet weiß? Hat die »goldene Regel« Dreck am Stecken? Ist sie am Ende die Anleitung zu hemmungsloser Selbstverwirklichung?

Doch schütten wir nur ja das Kind nicht mit dem Bade aus! Rechte Theologie, so hat uns Luther belehrt, rechte Theologie besteht in der Kunst, richtig zu unterscheiden. Offensichtlich müssen wir auch hier unterscheiden: die goldene Regel ist unbestreitbar einfach, klar und kinderleicht.

Doch was nicht so einfach, klar und kinderleicht ist, das ist unser Leben.

Und weil unser Leben alles andere als einfach ist und klar und kinderleicht, deshalb hat auch die »goldene Regel« nur eine begrenzte Reichweite. Einen terroristischen Selbstmordattentäter bringt sie gewiß nicht von seinem schrecklichen Vorhaben ab. Dazu wäre vielmehr eine unser Leben von Grund auf erneuernde Klarheit, dazu wäre jene »allerneuende Klarheit« nötig, die nach Hölderlin nur ein Gott mit sich bringt, die jedenfalls keine Regel, kein Imperativ, kein Gesetz zu erzeugen vermag. Alle Imperative, alle Gesetze und alle Regeln leben von Voraussetzungen, die sie selber weder schaffen noch garantieren können. Bevor ich aus innerer Überzeugung mich an eine Regel zu halten, einem Imperativ zu gehorchen, ein Gesetz zu befolgen vermag und also zu Regel, Imperativ und Gesetz *Ja*, gern und frei *Ja* zu sagen vermag, muß ich mich selbst als bejaht erfahren, muß ich in meinem eigenen Leben liebevolle Zuwendung erfahren haben.

Dann entsteht jene innere Klarheit, die es mir, wenn nicht leicht, so doch leichter macht, mich auch fordern zu lassen. Deshalb ist die beste Voraussetzung für alle das gemeinsame Leben steuernden Gesetze und Regeln die »allerneuende Klarheit« der Liebe.

Die Liebe, sie erneuert unser altes und oft so dunkles Leben. Sie verändert es so, daß dann auch die »goldene Regel« auf fruchtbaren Boden fällt. Die Liebe macht unser oft so komplexes und verworrenes und mühsames Leben zwar nicht total einfach, aber einfacher, zwar nicht glasklar, aber klarer, zwar nicht kinderleicht, aber leichter. Und das schafft sie, weil sie nichts befiehlt, wohl aber uns gleichsam flüsternd zumutet, das Leben miteinander zu teilen. Denn Leben heißt Zusammenleben. Und zusammenleben kann man nur, wenn man das Leben miteinander teilt.

Kinder lernen es schon im Mutterleib, daß Leben Zusammenleben heißt. Und wenn sie dann zur Welt gekommen sind, dann lernen sie jeden Tag neu, daß ihr Leben nur gedeiht, wenn andere Menschen ihr Leben mit ihnen teilen. Deshalb lachen sie ja so beglückt und beglückend, wenn die Augen der Mutter, des Vaters oder des Onkels mit ihren Augen Kontakt aufnehmen und wir schon durch solchen Blickkontakt – Aug' in Aug' – unser Leben mit ihnen teilen. Und deshalb schreien sie (vor allem nachts und nicht immer zum Vergnügen der Eltern), wenn sie sich allein gelassen wähnen. Ihre Schreie fordern das Zusammenleben ein, das ihre lachenden Augen so beglückt quittieren.

Später müssen sie dann lernen, daß man auch die Dinge, das Spielzeug und die Lebensmittel miteinander teilen kann, ja teilen muß. So wie die Erwachsenen lernen müssen, ihre Einkünfte zu teilen und Steuern zu zahlen, auf daß auch für andere ein halbwegs gerechtes Leben in einer halbwegs gerechten Gesellschaft möglich wird. Und nun beginnt die goldene Regel immer mehr zu greifen.

Oft müssen wir auch lernen, unsere Freiheit mit anderen so zu teilen, daß der Mensch dem Menschen nicht zum Wolf wird. Oder gar zum Wolf im Schafspelz wird. Da wäre es schon eher zu ertragen, wenn der andere als Schaf im Wolfspelz daher kommt. In der Politik weiß man manchmal nicht so genau, was nun der Fall ist: Wolf im Schafspelz oder Schaf im Wolfspelz? Doch in allen diesen Fällen ist die »goldene Regel« goldrichtig. Sie würde uns, würde man sie befolgen, im politischen Leben gleichermaßen vor wilden Wölfen und blöden Schafen bewahren. Und im kirchlichen Leben auch. Man stelle sich das einmal vor: hier und da, im Staat und in der Kirche keine Wölfe und keine Schafe mehr – ach, das müßte schön sein!

Doch so wichtig es ist, liebe Gemeinde, daß wir die Dinge des alltäglichen Lebens, die Lebensmittel und in einer für alle bekömmlichen Weise auch die Produktionsmittel möglichst gerecht teilen, wichtiger noch ist und bleibt es, daß Menschen ihr eigenes Leben miteinander zu teilen vermögen.

Den Tod können wir nicht miteinander teilen. Unseren Tod kann nur Gott mit uns teilen, er ganz allein. Und die von Ostern herkommende Gemeinde ist sich dessen gewiß, daß er es getan hat: so getan hat, daß wir eben deshalb nun unsrerseits sein ewiges Leben mit ihm teilen dürfen.

Und wer das herrliche Recht hat, das ewige Leben mit Gott zu teilen, dem fällt ganz von selbst das herrliche Vermögen zu, sein eigenes Leben mit anderen Menschen zu teilen. Martin Luther hat es das herrliche Vermögen eines Christenmenschen genannt. Doch wir trauen das jedem Menschen und wir muten es jedem zu: sein Leben zu teilen.

Wer das nicht vermag, liebe Gemeinde, wem das herrliche Vermögen, sein eigenes Leben mit anderen teilen zu können, fehlt oder abhanden gekommen ist, der ist wirklich arm dran. Denn wohin ein solcher Mensch auch geht, wohin er auch kommt, er trifft immer nur auf sich selbst. »Ich komme mir nur selbst entgegen / in einer leeren Wüstenei«, klagt ein Vertreter der deutschen Romantik, der einem solchen egozentrischen Ich seine Stimme leiht. So, liebe Gemeinde, stelle ich mir die Hölle vor: »Was mir begegnet, was mir entgegenkommt, das bin immer nur ich selbst.«

Wenn hingegen ein anderes Ich mir entgegenkommt, zu dem ich *Du* sagen kann und das zu mir sagt: *Ich will mein Leben mit Dir teilen*, dann, ja dann ist es, als hätte »der Himmel die Erde still geküßt«.

Gewiß, solches Glück kann durch keine Regel erzeugt werden, auch durch die goldenste nicht. Solches Glück fällt uns zu, sozusagen vom Himmel herab. Auch das Glück, von Gott so angesprochen zu werden, daß man von ihm zu hören bekommt: *Ich will mein Leben mit Dir teilen*, auch das unendliche Glück, von Gott geliebt zu werden, kann man sich durch keine Regelbefolgung verdienen. Dieses Glück ist ein Geschenk, das die Bibel deshalb mit dem Wort *Gnade* kennzeichnet. Das Wort ist heute ja in den Medien wieder up to date. Doch was meint es ursprünglich und eigentlich?

Ursprünglich und eigentlich bringt das Wort *Gnade* zum Ausdruck, daß Gott sein Leben auch mit dem Sünder, also mit dem ganz und gar nicht liebenswerten Menschen teilen will. Und daß er uns mehr oder weniger schräge Typen, uns für einen Gott jedenfalls ganz und gar nicht attraktive Menschen durch seine Zuwendung allererst liebenswert und attraktiv macht. Wie in jenem alten jiddischen Schlager der Liebhaber zu seiner Geliebten, so sagt Gott zu uns schrägen und schuldbeladenen Menschen: *»Bei mir biste scheen!«*

Und das können wir auch, liebe Gemeinde. Wir können ganz und gar weltliche Gleichnisse der gnädigen Bereitschaft Gottes, sein Leben mit uns zu teilen, zustande bringen. Und das sind alle jene Weisen menschlichen Verhaltens, in denen wir uns nicht etwa den besonders attraktiven, schönen und liebenswerten, sondern den bedürftigen, mitunter sogar entstellten, jedenfalls alles andere als attraktiven Menschen zuwenden. Und ihnen zu verstehen geben: *Bei mir biste scheen*.

Dann ist die »goldene Regel« befolgt und erfüllt. Denn dann teilen wir unsere Lebenszeit, unsere Lebenskraft und unsere Lebensfreude mit anderen Menschen in dem Maße, in dem wir uns wünschen, daß andere Menschen uns ihrerseits an ihrer Lebenszeit, Lebenskraft und Lebensfreude Anteil geben. Dann gewinnt das persönliche und das öffentliche Leben jenen »klaren Kurs«, der auf jeden Fall sowohl des kranken Nachbarn als auch der Stadt Bestes ansteuert.

Und nun sage niemand, daß der Prediger die goldene Regel mißbraucht und der hier versammelten Festgemeinde nach dem Munde redet, wenn er den Mitarbeiterinnen und Mitarbeitern, den Schwestern und Diakonen, den Ärzten und dem geistlichen und weltlichen Leitungspersonal im Namen vieler dankbar bezeugt: Ihr haltet »klaren Kurs«.

Was Ihr dabei dennoch falsch gemacht habt, wann und wo Ihr doch einmal vom »klaren Kurs« abzukommen drohtet, das wißt Ihr selber am besten, das wißt Ihr jedenfalls besser als ich. Und Ihr wißt genau so gut wie ich, daß es für solche Fälle im Vater Unser eine Bitte gibt, die der Vater im Himmel gewiß erhört.

Und so kann ich denn fröhlich Amen sagen. Und – so hoffe ich – nicht nur ich. »Goldene Regel« hin, »goldene Regel« her: ich hoffe, daß auch Sie, verehrte und liebe Schwestern und Brüder, jetzt fröhlich Amen sagen können. Amen.

Markus 7,14-23

Das kommt nicht rüber – sagt man heutzutage, wenn ein Redner sich bei seinen Hörern nicht verständlich machen kann. Das kommt nicht rüber – sagt man, wenn es Kommunikationsprobleme gibt zwischen einem Menschen, der etwas zu sagen hat, und denen, die seine Botschaft erreichen soll. Das muß nicht immer daran liegen, daß der Redende sich zu kompliziert ausdrückt, zu akademisch vielleicht. Manchmal kommt auch deshalb etwas nicht rüber, weil die Botschaft einfach *zu einfach* ist.

Auch biblische Texte können mitunter so einfach sein, daß man Mühe hat, sie zu verstehen. Der von der Studentengemeinde für den heutigen Gottesdienst ausgesuchte Predigttext aus dem 7. Kapitel des Markus-Evangelium gehört zu dieser Textsorte. In ihm antwortet Jesus auf eine der ältesten Fragen der Menschheit. In vielen Mythen ist sie zur Stelle, in Dichtung und Philosophie, vor allem aber in der Religion: *Woher das Böse und warum?* – so lautet, in klassischer Kürze, dic Frage, die uns Menschen seit Menschengedenken bewegt. Denn jedem von uns *widerfährt* in seinem Leben Böses. Und, schlimmer noch, jeder von uns *tut* auch Böses. Warum?

Jesus beantwortet unsere Frage im religiösen Kontext seiner Zeit. Damals stellte sich die Frage nach dem Bösen in Gestalt der für den religiösen Kult elementaren Unterscheidung von *rein* und *unrein*. In unserer heutigen Sprache klingt noch etwas davon nach. Denn auch wir sagen: das Böse beschmutzt, besudelt. Es macht unrein, durch und durch. Und der Teufel stinkt – nach Schwefel oder wonach auch immer. Er ist unrein, durch und durch. Ja, selbst das Licht der Vernunft kann so blaken, daß unsere Vernunft – wie der Papst gerade eben in seiner ersten Enzyklika erklärt hat – der Reinigung bedarf. Der Berliner meint etwas Ähnliches, wenn er von einem Mitmenschen sagt, der sei nicht ganz sauber. Das Unreine hat also auch in der Sprache der Moderne und Postmoderne keinen guten Ruf.

Doch das ist nur ein blasser Nachklang dessen, was zur Zeit Jesu fast ein Dogma war: nämlich daß das Böse verunreinigt, daß es aus einem Menschen sozusagen eine Sau macht, eine Drecksau – unrein durch und durch.

Im Unterschied zu diesem unreinen Tier kann der Mensch sich allerdings waschen, reinigen. Er kann wieder sauber werden. Und das soll er auch, und zwar durch und durch. Deshalb gab es im damaligen Judentum regelrechte Reinigungsriten, mit deren Hilfe sich reinigen mußte, wer mit dem Bösen irgendwie in Berührung gekommen war.

Das, liebe Gemeinde, sollte man wissen, wenn man die Worte verstehen will, die Jesus im 7. Kapitel des Markusevangeliums zunächst an das Volk und dann speziell an seine Jünger richtet. Es heißt da von Vers 14 an:

Und er rief das Volk wieder zu sich und sprach zu ihnen: »Höret mich alle und begreift: Nichts von dem, was von außen in den Menschen hineingelangt, kann ihn unrein machen, sondern was aus dem Menschen herauskommt, das macht den Menschen unrein. Wer Ohren hat zu hören, der höre!«
Und als er von dem Volk weg ins Haus ging, da fragten ihn seine Jünger nach dem Sinn des Spruches. Und er spricht zu ihnen: »Begreift Ihr's denn auch nicht? Begreift Ihr nicht, daß nichts, was von außen in den Menschen hineingelangt, ihn unrein machen kann? Denn es gelangt ja nicht in sein Herz, sondern in den Bauch, und aus dem geht's hinab in die Grube.« Damit erklärte er alle Speisen für rein. Und er sprach: »Was aus dem Menschen herauskommt, das macht den Menschen unrein. Denn von innen, aus dem Herzen der Menschen kommen die bösen Gedanken, Unzucht, Diebstahl, Mord, Ehebruch, Habgier, Bosheit, Arglist, Ausschweifung, Neid, Lästerung, Hochmut, Unvernunft. Alles dieses Böse kommt von innen heraus und macht den Menschen unrein.«

Das sind deutliche Worte, liebe Gemeinde. Überdeutlich. Jesus spricht zum gemeinen Volk, das er eigens zu sich ruft, weil er ihm Entscheidendes zu sagen hat. Und anschließend wendet er sich speziell an die Jünger, um das, was er zu sagen hat, noch einmal zu sagen. Und das recht ausführlich. Jesus hämmert den Jüngern geradezu ein, was er zuvor schon dem Volk nahe zu bringen versucht hat. Es ist ihm offensichtlich wichtig, seine Botschaft rüber zu bringen. Das ist zwar lange her. Doch es könnte auch nach 2000 Jahren noch wichtig sein. Deshalb: Wer Ohren hat zu hören, der höre!

Jesus redet einfach, ja drastisch. So drastisch, daß manch gelehrter Kommentar etwas naserümpfend nicht nur die Banalität des Erzählten bemängelt, sondern an einer Stelle auch eine ausgesprochen vulgäre Ausdrucksweise konstatiert hat. So vulgär, daß man von diesem Teil der Rede behauptet hat, er sei nicht ursprünglich, sei nicht ipsissima vox Jesu (nicht Jesu ureigenes Wort), sondern erst in der christlichen Gemeinde, also in der Kirche entstanden. Vulgäres paßt nicht in den Mund des Gottessohnes, dessen Sprache nach dem Urteil der alten Theologie sich sogar durch höchste Eleganz ausgezeichnet haben soll. Der Kirche hingegen traute man das offensichtlich eher zu: vulgär zu werden und banal. Seltsam. Und der Kirche gegenüber nicht gerade fair…

Doch lassen wir das! Banal ist das, was wir da zu hören bekommen, ja in der Tat. Jesus erinnert daran, daß alles, was wir mit mehr oder weniger Appetit zu uns nehmen, verzehren und verdauen, unseren Körper auf sehr unappetitliche Weise wieder verläßt. Ein überaus banaler Vorgang, weiß Gott!

Und dann wird auch noch der gewisse Ort, an dem die verdauten Speisen wieder ausgeschieden werden, mit einem derart ordinären Ausdruck bezeichnet, daß die gelehrten Übersetzer durchweg auf weniger vulgäre Ausdrücke ausweichen und folglich auch ich es vorgezogen habe, das ordinäre Wort etwas weniger anstößig wiederzugeben.

Jesus war da offensichtlich weniger zimperlich. Als wäre er bei Martin Luther in die Schule gegangen, schaut er dem Volk aufs Maul. Und redet wie das Volk. Denn er will rüber bringen, was er zu sagen hat.

Doch auch dann, wenn man dem Volk aufs Maul schaut und die Sprache des Volkes spricht, ist noch keineswegs garantiert, daß rüber kommt, was man sagen will. Da gibt sich ein Politiker wahnsinnig viel Mühe, schaut dem Volk aufs Maul und redet wie das Volk – doch es kommt nicht rüber. Da gibt sich ein Prediger unendlich viel Mühe, schaut dem Volk aufs Maul und redet wie das Volk – doch es kommt nicht rüber. Da gibt sich der Gottessohn einige Mühe, schaut dem Volk aufs Maul und redet wie das Volk – doch es kommt nicht rüber. Selbst die Jünger Jesu haben offensichtlich nicht auf Anhieb verstanden, was ihr Meister zu sagen hat. Und so fährt er sie denn auch recht unwirsch an: »Begreift Ihr's denn auch nicht?«

Was? Was soll hier rüber kommen, was begriffen werden?

Im Hintergrund der ganzen Szene steht ein Streit. Einige Pharisäer und Schriftgelehrte hatten beobachtet, daß die Jünger Jesu gegen die rituellen Reinheitsvorschriften verstoßen. Sie essen, ohne sich, wie es die religiöse Sitte verlangt, vorher die Hände zu waschen. Das erregt Ärgernis.

Verständlicher Weise, sind wir versucht anzumerken. Gilt es doch auch in unserer modernen Welt als ungehörig, sich mit ungewaschenen Händen zu Tisch zu setzen. Ich bestehe jedenfalls meinen Patensöhnen gegenüber eisern darauf, daß sie sich vor dem Essen, das ich ab und an für sie koche, die Hände waschen.

Manchmal lege ich ihnen aus gutem Grund auch nahe, erst einmal ein Vollbad zu nehmen – also ganz so wie es das Markusevangelium unmittelbar vor unserem Predigttext von den frommen Juden berichtet. Sie essen nicht, heißt es da, wenn sie sich nicht zuvor die Hände gewaschen haben. Und wenn sie vom Markt kommen, wo es bekanntlich recht bunt zugeht und man mit kultisch unreinen Geräten, mit unreinen Tieren und sogar mit unreinen Menschen in Berührung kommt, dann nehmen sie vor der

Mahlzeit sogar ein Vollbad – berichtet das Markusevangelium.

Doch das alles geschieht eben nicht nur aus hygienischen Gründen, ist nicht die Folge eines ausgeprägten bürgerlichen Reinlichkeitstriebes, den meine Patensöhne, wenn auch leicht genervt, ihrem Onkel zugute halten. Es handelt sich vielmehr um einen regelrechten Waschzwang, um einen – schon im Buch Leviticus vorgeschriebenen – *religiösen* Waschzwang, der eine ganze Moral impliziert.

Dieser rituelle Waschzwang hat eine Voraussetzung, die fast die ganze vorchristliche Welt teilte und die uns in abgewandelter Form auch heute noch in politischen Stammtischreden begegnet: nämlich die Aufteilung der Wirklichkeit in ein Reich des Lichtes und ein Reich der Finsternis, ein Reich der Guten und ein Reich der Bösen, ein Reich der Reinen, der Saubermänner, und ein Reich der Unreinen, der moralischen Schurken und weltanschaulich Irregeleiteten.

Was heutzutage an Stammtischen – aber nicht nur dort – ganz profan, ganz weltlich daherkommt, war in der Umwelt Jesu religiös enorm aufgeladen. Wer als unrein galt, der war in den Augen seiner Mitmenschen und angeblich auch in den Augen Gottes so beschmutzt und besudelt, daß er sich nicht mehr sehen lassen konnte. Er konnte sich nicht nur vor der Welt nicht sehen lassen. Das wäre ja zur Not noch zu ertragen. Doch wer als unrein galt, der konnte sich auch vor Gott nicht sehen lassen.

Denn Gott – das ist in Religion und Philosophie der Inbegriff des Reinen und Unbefleckten. Juden und Muslime denken die götliche Reinheit sogar so erhaben, daß bereits die bildliche Darstellung Gottes als Gotteslästerung empfunden wird. Deshalb schärft schon das Alte Testament dem Volk Israel ein: *Du sollst Dir kein Bildnis machen!* Auch im Islam wird die bildliche Darstellung Allahs als gotteslästerliche Profanisierung empfunden. Sie droht ihn in den Dreck zu ziehen. Unvorstellbar, daß Allah die Sünden der Welt trägt, daß er sich mit dem ganzen selbstverschuldeten Dreck der Menschheit beladen läßt!

Auch in der religiösen Umwelt Jesu dachte man so. Wer mit Gott zusammenkommen wollte, der mußte ebenfalls rein, durch und durch rein sein. Dann und nur dann war er auch gut: gut für das Zusammenleben mit Gott. Ein geradezu metaphysisches Reinlichkeitsideal! Noch Friedrich Schiller hat sich einen Vers darauf gemacht: *Ewigklar und spiegelrein und eben fließt das zephyrleichte Leben im Olymp den Seligen dahin.*

Was immer hingegen zum Reich der Unreinheit gehörte, das war grundsätzlich vom Übel: Dinge, Geräte, Tiere, Menschen. Wer mit ihnen in Berührung kam, der mußte gemieden werden. Denn er transportiert das Böse. Unrein – das hieß: unerträglich. Erträglich wird der Unreine nur, wenn er sich einer durchgreifenden Reinigung unterzieht.

Deshalb jener religiöse Waschzwang. Und eben deshalb nehmen die Theologen unter den Juden Anstoß, als Jesu Jünger mit ungewaschenen Händen ihr Brot essen. Die Pharisäer und Schriftgelehrten bestehen Jesus gegenüber auf *theological correctness*. Denn wer sich wäscht, kann sich sehen lassen. – »Doch wie's drinnen aussieht, geht keinen was an.«

Umgekehrt! – hält Jesus dagegen. Und bringt *das Herz* des Menschen ins Spiel. Denn das Herz – das geht Gott an. Das geht ihn unbedingt an. Schon im Alten Testament konnte man lesen: »Der Mensch sieht, was vor Augen ist, der Herr aber sieht das Herz an« (1. Sam 16,7). Und das heißt: er sieht den ganzen Menschen an. Denn in der Sprache der Bibel ist das Herz nicht nur ein körperliches Organ unter anderen körperlichen Organen. Es ist zugleich das Zentrum des menschlichen Lebens.

Und das verstehen auch wir im 21. Jahrhundert auf Anhieb. Das weiß ich doch, daß sich in meinem Herzen entscheidet, wer ich wirklich bin. Im Herzen steht der ganze Mensch auf dem Spiel. Darum: »Selig, die reinen Herzen sind!« *Sie* können sich sehen lassen – jedenfalls vor Gott.

Deshalb ist es von so hoher Bedeutung, ob etwas *von Herzen kommt* oder nicht. Und noch bedeutsamer ist, *was* da von Herzen kommt. Aber auch das ist von hoher Bedeutung, ob mir etwas *zu Herzen geht* oder nicht. Und erst recht ist bedeutsam, *was* mir zu Herzen geht und was nicht. Denn was mir zu Herzen geht, das entscheidet über mein Leben – im Guten wie im Bösen.

Manchmal reden ja auch wir in unserem geliebten Deutsch so emphatisch vom Herzen. Zum Beispiel wenn ein Mensch sein »Herz in Heidelberg verloren« hat. Dann wird es ernst, dann kommt der ganze Mensch ins Spiel, und die Spielerei hat ein Ende. »Drum prüfe, wer sich ewig bindet, ob sich das Herz zum Herzen findet...« Und das soll ja auch hier in Tübingen vorkommen, daß sich zwei Herzen finden, so daß wir auch hier am oberen Neckar zumindest ahnen können, wie bedeutsam das ist, was uns zu Herzen geht, und das, was von Herzen kommt.

Und nun begreifen auch wir, warum Jesus auf den weiß Gott banalen Vorgang zu sprechen kommt, daß wir das, was wir mit dem Mund zu uns nehmen, nach erfolgter Verdauung mit dem Hinterteil wieder ausscheiden. Es passiert die Speiseröhre, den Magen, den Dünndarm, den Dickdarm und schließlich den Enddarm. Aber es geht *nicht* zu Herzen. Und deshalb kann es den Menschen auch nicht verunreinigen: weder religiös noch moralisch. Denn was uns in Wahrheit religiös und moralisch unerträglich, ja unmöglich macht, das kommt *von Herzen.*

Und wann wird ein Herz böse, so böse, daß der ganze Mensch unerträglich wird? Die Antwort kennen wir alle. Wenn mein Herz nur noch für mich schlägt, wenn es aufhört, auch für andere und für Gott zu schlagen, dann fängt es an böse zu werden und wüst. Und dazu findet es immer wieder neue Anlässe und Gründe. Jeder und jede von uns kennt zumindest einige aus eigener Erfahrung – je nachdem.

Da spielen natürlich Veranlagung, Temperament und Charakter mit, aber auch das Elternhaus, die sozialen Verhältnisse und vieles mehr. Im einen Falle macht grenzenloser Ehrgeiz das Herz böse, im andern Fall unerträgliche Rechthaberei. Hier verwüstet elende Klatschsucht das Herz, dort hemmungslose Sexualität. Ein pathologischer

Zwang zur Selbstdarstellung kann andere Menschen genau so an die Wand spielen wie ein pathologischer Zwang zur Selbstverleugnung. Im frommen Schwabenland muß man das sogar besonders herausstellen: wer sich immer nur klein macht und so gut wie nichts sein will, seine Nichtigkeit jedoch unendlich wichtig nimmt, dessen Herz schlägt nicht weniger selbstsüchtig nur für sich selbst als das Herz dessen, der immer nur groß heraus kommen will.

In allen solchen Fällen aber hört das Herz auf, für andere und für Gott zu schlagen. Es schlägt nur noch für mich. *So* wird es böse. Und freudlos. Denn ein sich isolierendes Herz kann sich nicht freuen. Zur Freude braucht es mehr als nur mich allein.

Und so ist denn »überall nichts in der Welt, ja überhaupt auch außer derselben zu denken möglich«, was mich zu einem bösen Menschen machen kann, als allein ein böses Herz. Und das heißt: als allein ich selbst. Nicht erst die böse Tat macht mich zu einem bösen Menschen. Die Entscheidung zwischen gut und böse fällt früher und reicht tiefer.

Die Fälschung medizinischer Forschungsdaten hat ihren Ursprung in einem ruhm- und geltungssüchtigen Herzen. Das niederträchtige Wort kommt aus einem niederträchtigen Herzen. Die antisemitische Parole kommt aus einem judenfeindlichen Herzen, das sich zunächst in einer unmenschlichen Sprache manifestiert und dann in unmenschlichen Taten entlädt. Jede böse Tat kommt *von Herzen*, kommt aus dem Zentrum meiner eigenen Existenz. In uns wird entschieden, was aus uns wird. Und deshalb ist entscheidend, was uns zu Herzen geht.

Das ist eine einfache Wahrheit: eine Wahrheit von elementarer Einfachheit. Und dennoch kommt sie schwer rüber. Denn sie ist ärgerlich. Jesus redet zwar glasklar, aber überaus anstößig, und zwar nicht nur für die Ohren seiner Zeitgenossen. Anstößig und ärgerlich sind Jesu klare Worte auch für uns. Denn sie kränken unseren Stolz. Wer läßt sich schon gern in sein Herz sehen? Wer gibt schon gern zu, wie wüst es da oft genug aussieht?

Und wer läßt sich Gottes Gebote schon gern zu Herzen gehen? Das hieße ja, daß wir da, wo wir ganz mit uns identisch sind, uns radikal ändern müßten, daß wir gar mit dem Psalmisten um ein neues, reines Herz bitten müßten. Und wer um ein neues, reines Herz bitten muß, der gibt zu, daß sein altes Herz nichts taugt. Das ist bitter, ja demütigend.

Da halten auch wir uns lieber an das, was vor Augen liegt, also an das, was wir in der Welt anrichten, was wir tun – im Guten wie im Bösen. Wie oft kann man auch mitten in der christlichen Kirche Erich Kästners fatalen Satz hören: »Es gibt nichts Gutes, außer man tut es.« Entsprechend muß es dann ja wohl auch heißen: »Es gibt nichts Böses, außer man tut es.« Schön wär's ja. Aber auch maßlos naiv.

Natürlich sollen wir Gutes tun, lieber zuviel als zu wenig. Und natürlich sollen wir das Böse eben nicht tun, auf keinen Fall. Doch die Entscheidung zwischen gut und böse, die fällt bereits in unserem Herzen. Und nicht selten *verstecken* wir sogar in scheinbar guten Werken unser auf Böses sinnendes Herz.

Denn auch das gibt es ja, daß man sich selbst dann, wenn das Herz durch und durch böse ist, außerordentlich korrekt verhält. Correctness – das zählt: political correctness, theological correctness und so weiter. Denn der Korrekte kann sich sehen lassen vor den Augen der Welt.

Auch vor Gott? Also vor dem, der das Herz anschaut und den Immanuel Kant gern den »Herzenskündiger« nennt?

Fast jeder von uns hat doch schon einen Menschen erlebt, der lauter Böses im Sinn hat und es nur aus Angst vor den Strafgesetzen, nur aus Angst vor gesellschaftlichen oder religiösen Sanktionen nicht wagt, seine Niedertracht aus sich herauszulassen. Selbst hinter einem ausgesprochen frommen Verhalten kann sich ein sehr selbstsüchtiges Herz verstecken. Das erzeugt dann eine ausgesprochen übellaunige Frömmigkeit und eine ausgesprochen übellaunige Moral. Und die ist mitunter unerträglicher noch als eine richtig böse, sozusagen saftig böse Tat.

Wer das einmal erlebt hat, daß ein anderer sich zwar äußerlich korrekt verhält, seinen bösen Sinn aber immer tiefer in sich hineinfrißt, der weiß, wie sehr uns ein solcher übellauniger Mensch beunruhigen, ja Angst und Bange machen kann, so daß man sich beinahe *wünscht,* die böse Gesinnung möge sich doch endlich in einer bösen Tat entladen. Das wäre zwar schrecklich, hätte aber dennoch etwas Befreiendes.

Jakob Burckhardt hat in seinen *Weltgeschichtlichen Betrachtungen* Ähnliches erwogen und es für schwer erträglich gehalten, »wenn infolge konsequenter Bestrafung … die Bösen alle … anfingen (sich) gut aufzuführen … Man könnte (dann) in die Stimmung kommen, den Himmel wieder um einige *Straflosigkeit* der Bösen auf Erden zu bitten, nur damit dieselben wenigstens ihre wahren Züge wieder an den Tag legten.« So Jakob Burckhardt.

Man könnte den Himmel allerdings auch um etwas ganz anderes bitten, liebe Gemeinde. Jesus hat uns selber dazu angeleitet und dabei vorausgesetzt, daß es auch in *unseren* Herzen oft genug einigermaßen wüst zugeht. Jesu Anleitung ist wiederum ganz einfach, und wir kennen sie alle. Sie steht im *Vater Unser* und lautet: *Vergib uns unsere Schuld, wie auch wir vergeben unseren Schuldigern.*

Wer so bittet, liebe Gemeinde, dem geht Gott zu Herzen. Wer so bittet, dessen Herz fängt wieder an, für Gott zu schlagen und – für den bösen Nachbarn auch. Und wenn das geschieht, dann können wir uns wirklich sehen lassen. Denn wenn Gott uns zu Herzen geht, dann fängt selbst das böseste Herz an, ein reines Herz zu werden. Denn dann brennt in uns das reinigende Feuer seiner Liebe.

Summa: Wenn Gott uns zu Herzen geht, dann ist, worauf es Jesus ankam, wirklich rüber gekommen. Denn dann ist der liebe Gott selber rüber gekommen: der Gott, der durch und durch Liebe ist.

Und dann ist was los in unserem Herzen. Dann kommt Freude auf und hohe Lust. Von wegen: »Schluß mit lustig«! Mit Gott geht's erst richtig los. Ja, liebe Gemeinde, es macht Lust, mit Gott im Reinen zu sein. Amen.

Markus 10,13-16

Und sie brachten Kinder zu ihm, damit er sie berühre. Die Jünger aber fuhren sie an. Als es aber Jesus sah, ergrimmte er und sprach zu ihnen: Laßt die Kinder zu mir kommen und wehret ihnen nicht! Denn solchen gehört das Reich Gottes. Wahrlich, ich sage Euch: Wer das Reich Gottes nicht empfängt wie ein Kind, der wird nicht hineinkommen. Und er herzte sie und legte die Hände auf sie und segnete sie.

Kinder, Kinder... – sagt der Berliner, wenn er sich wundert oder über etwas hocherstaunt ist: *Kinder, Kinder...*

Wundern muß man sich über diese Geschichte aus dem Leben Jesu in der Tat. Denn normal ist das ja nicht, daß erwachsene Menschen wie Du und ich sich wie kleine Kinder verhalten sollen. Wird da nicht der normale und wünschenswerte Gang der Dinge auf den Kopf gestellt? Gewiß, Kinder sind hinreißende Geschöpfe – jedenfalls zuweilen. Sie können bezaubernd sein – wenn sie uns nicht gerade nerven. Und wenn sie uns nicht gerade ärgern, haben wir unsere herzliche Freude an den lieben Kindern. Doch irgendwann muß aus Hänschen Hans werden. Irgendwann müssen und sollen die Kleinen erwachsen werden. Irgendwann werden die unmündigen Kids mündige Menschen werden – hoffen wir. Und statt dessen nun das Gegenteil? Nun sollen umgekehrt erwachsene Menschen so werden wie die Kinder? Zurück in die Unmündigkeit? Kinder, Kinder...

Gewiß, die vom Bundeskanzler im Bundestag laut beklagte zunehmende Kinderlosigkeit in Deutschland könnte auf diese Weise in ihr Gegenteil verkehrt werden. Doch Scherz beiseite! Mit der schwindenden Lust, Kinder in die Welt zu setzen, mag und muß sich die Politik auseinandersetzen. Und nicht nur die Politik. Keine Frage. Doch Jesus hatte etwas anderes im Sinn, als er die Kinder zu sich rief, sie herzte und segnete. Ihm ging es nicht darum, daß im zukünftigen Deutschland die Zahl der Bürgerinnen und Bürger wieder wachse. Ihm ging es darum, daß in Gottes kommendem Reich möglichst viele Menschen anzutreffen sind. Jesus wollte Menschen zu Bürgerinnen und Bürgern des Reiches machen, in dem Gott regiert. Und er wollte, daß sich soviel Menschen wie irgend möglich von Gott regieren, und zwar gern von Gott regieren lassen.

Jesus ging es sein Leben lang um das Reich Gottes. Und um die Frage, wie man hineinkommt, wie man das werden kann: ein Bürger im Reiche Gottes. Und er setzte voraus, daß auch seine Mitmenschen nichts mehr, nichts leidenschaftlicher interessierte als diese Frage: wie komme ich da hinein? So als würde jeder von ihnen an den Pforten des Himmelreiches rütteln und rufen: Ich will da rein!

Reich Gottes – das war's, darum ging es, das hielt Jesus und die Seinen in Atem. Reich Gottes – daß war für Jesus die alles bestimmende neue Möglichkeit, deren Anbruch, deren Advent anzusagen er sich berufen wußte. So bezeugen ihn die drei ersten Evangelien. So hat er sich dem »kulturellen Gedächtnis« der Menschheit eingeprägt: Jesus von Nazareth – das ist der Prediger des Reiches Gottes.

Und nicht nur der Prediger! Er redete nicht nur vom Reiche Gottes, er tat auch etwas dafür. Wenn er Kranke und Besessene heilte, wenn er Menschen von den sie tyrannisierenden Dämonen befreite und die unreinen Geister in die Säue fahren ließ, dann verstand er diese seine therapeutischen Kraftakte als Signale, die die Nähe des Reiches Gottes ankündigen – dem Trompetensignal vergleichbar, das in Beethovens Fidelio den Gefangenen ihre bevorstehende Befreiung ankündigt. »Wenn ich mit dem Finger Gottes Dämonen austreibe, ist dann Gottes Reich nicht bereits im Kommen?« – hatte Jesus, seine Mitmenschen provozierend, gefragt (Luk. 11,20).

Reich Gottes – für uns ist das wohl eher ein Fremdwort, obwohl wir es, zumindest wenn wir das Vater Unser beten, durchaus benutzen: Dein Reich komme... – Was soll da kommen? Worum bitten wir da?

In einem Reich lebt man zusammen. Leben ist auf Zusammenleben angewiesen. In den Prozessen der Natur nennt man das Symbiose. Wer sie zerstört, zerstört die Natur. Sich isolierendes Leben stirbt. Das gilt auch für unser menschliches Leben. Wer leben will, muß zusammenleben.

Doch man kann so oder so oder so zusammen leben. Man kann auch als Bande, man kann auch in der Weise der Rotte Korah zusammen leben. Doch in einem Reich, in einem Staat – da soll man *friedlich* zusammenleben. Das unterscheidet das Leben in einem politischen Gemeinwesen vom Leben im staatenlosen Naturzustand, wo jeder ein Recht auf alles zu haben meint und sich alles nehmen zu können meint, was er begehrt: jeder – alles. Das heißt dann aber fast zwangsläufig: ich auf Kosten aller Anderen und der jeweils Andere ebenfalls auf Kosten aller Anderen. Das kann nicht gut gehen. Da wird das Zusammenleben zwangsläufig zum Krieg aller gegen alle. Da wird der Mensch dem Mitmenschen zum Wolf. So hat vor einigen Jahrhunderten der englische Philosoph Thomas Hobbes den sogenannten Naturzustand beschrieben, um daraus die Notwendigkeit eines Staatswesens abzuleiten: eines Staates, der mit seinen Zwangsgesetzen aus Wolfsmenschen Bürgerinnen und Bürger macht und deren *friedliches Zusammenleben* erzwingt. Die Gesetze des Staates verhindern es nun, daß jeder sich auf Kosten der Anderen zu nehmen wagt, wonach ihm gelüstet.

Doch der Friede solchen Zusammenlebens der Bürgerinnen und Bürger ist der Angst vor Strafe geschuldet. Es ist ein durch Strafandrohungen erzwungener Friede. Und der Mensch ist nur deshalb nicht mehr ein den Mitmenschen bedrohender Wolf, weil nun der Staat als eine Art Superwolf mit seiner Autorität und Macht alle bedroht, die sich dem erzwungenen gesellschaftlichen Frieden nicht fügen. Es hat Jahrhunderte gedauert, bis wir diesen Superwolf einigermaßen kultiviert und ihm zwar nicht die Zähne gezogen und die Klauen beschnitten haben, aber ihn doch immerhin – sagen wir einmal: zu einem wachsamen Schäferhund domestiziert haben, der die Androhung und

Ausübung von Gewalt nur als ultima ratio begreift und praktiziert. Ein guter Staat sollte selber auf ein *angstfreies Zusammenleben* seiner Bürgerinnen und Bürger bedacht sein: ohne Angst vor den Mitmenschen, aber auch ohne Angst vor dem Gewaltmonopol des Staates. Um das zu erreichen, bedarf es großer gesellschaftlicher Anstrengungen, bedarf es harter politischer Arbeit. Doch je mehr es uns gelingt, ein angstfreies Zusammenleben im Staat und ein angstfreies Zusammenleben der Staaten miteinander zu ermöglichen, desto eher haben unsere irdischen Staaten die Chance, so etwas wie ein Gleichnis des Reiches Gottes zu werden.

Denn um ein angstfreies Zusammenleben von Menschen – nun freilich nicht nur miteinander, sondern zugleich mit Gott – darum geht es, wenn wir beten: Dein Reich komme! Wie man ohne Angst mit Gott zusammenkommen und zusammenbleiben kann, mehr noch: wie man voller Lust, voller sinnlicher, geistiger und geistlicher Lust mit Gott zusammenkommen und zusammenleben kann – darum geht es auch in unserem Text aus dem Markusevangelium, in dem Jesus all denen das Reich Gottes verheißt, die sich wie richtige Kinder verhalten.

Wie machen's denn die Kinder, verehrte Zuhörerinnen und Zuhörer? Wie verhalten sie sich? Worin unterscheiden sie sich von uns mehr oder weniger Erwachsenen? Und was haben wir verlernt, als wir lernten, erwachsen zu werden?

Mit solchen Fragen wollen wir uns unserem Text nähern. Auf diese Fragen müssen wir Antworten finden, damit die Pointe des biblischen Textes überspringen kann in unser Leben.

Da wird eine kleine Geschichte erzählt, deren *letzte Szene* überaus einfach zu sein scheint. Doch wenn man den Blick auf die *ganze* Geschichte richtet, wird es dramatisch.

Am Schluß der Geschichte haben wir ein Bild von bezaubernder Einfachheit vor Augen. Die Szene hat etwas Anrührendes, jedenfalls auf den ersten Blick: Jesus, der Kinderfreund! Der Heiland »herzt« die Kinder, wie Luther höchst sensibel übersetzt. Eigentlich steht da: er schließt sie in seine Arme – so wie ein Vater sein weinendes Kind in die Arme nimmt, um es zu trösten. Oder wie eine Mutter voller Stolz den erfolgreichen Sohn, die vor Glück strahlende Tochter in die Arme schließt. Eine anrührende Szene, ein Bild zum Malen: überaus tröstlich, überaus beglückend.

Und genau so soll es mit dem Reiche Gottes bestellt sein, also mit jener Lebensgemeinschaft, in der Gott unwiderruflich mit uns zusammenleben will und in der wir mit ihm ungehindert zusammenleben dürfen in alle Ewigkeit. Das Neue Testament nennt diese ewige Lebensgemeinschaft Gottes mit uns auch die kommende Polis oder den himmlischen Staat. Und nun soll der Zugang dahin, nun soll es an der Grenze des himmlischen Staates so aussehen, wie in der letzten Szene unserer Geschichte, in der Jesus die Kinder herzt und umarmt: der Herrscher in dieser Polis, der König in diesem Reich umarmt die Einwanderer. Bürgernähe, wie sie besser nicht demonstriert werden kann! Eine hinreißende Szene, ein Bild fürs Fernsehen! Jedenfalls auf den ersten Blick.

Doch wenn wir unseren Blick ein wenig schweifen lassen, verändert sich das Bild, und die Szene nimmt andere Züge an. Da sehen wir die Angehörigen der Kinder, die von Jesus, dem wundertätigen Gottesmann, gehört haben mögen, vielleicht auch bei einer seiner wundersamen Heilungen dabei waren und nun die Kinder zu ihm bringen, damit er sie berühre: Körperkontakt. Körperkontakt? Warum und wozu? Ich muß das kurz erklären.

In der alten Welt war man überzeugt, daß man durch Berührung an den außergewöhnlichen Kräften, ja sogar an der Heiligkeit einer anderen Person Anteil bekommen kann. Selbst in der hohen Philosophie gab es das Prinzip *Teilhabe, Partizipation durch Berührung*. Diese Überzeugung hat sich zumindest bei den Dichtern bis in unsere angeblich aufgeklärte moderne Welt durchgehalten.

Und so erhoffen in unserer Geschichte die Erwachsenen für ihre Kinder, daß sie durch körperliche Berührung Anteil bekommen an Jesu ungewöhnlichen Kräften: Teilhabe durch Berührung!

Doch die Jünger fahren dazwischen und fahren sie an – aus welchen Gründen auch immer. Gewaltbereite Jünger, die sich wie Bodyguards aufführen. Am Ende der Lebensgeschichte Jesu wird Petrus sogar sein Schwert ziehen und dem Knecht des Hohenpriesters das Ohr abhauen. Nein, Friedensengel waren die Jünger Jesu nicht – ganz im Gegenteil! Und nun sieht die ganze Geschichte doch recht anders aus. Die auf den ersten Blick so anrührende Szene hat einen dunklen Hintergrund. Die Geschichte nimmt abstoßende Züge an.

Und dann sieht man da noch einen zornig werdenden Jesus, der seine sich so kinderfeindlich gebärdenden Jünger harsch zurechtweist: »Platz da! Den Kindern eine Gasse! Hindert die Kinder nicht! Laßt sie zu mir kommen!« Ein souveränes Machtwort zugunsten der Kinder.

Sozialkritisch engagierte Christenmenschen könnten aus diesem Satz zweifellos eine ganze Anklageschrift gegen unsere kinderfeindliche Gesellschaft machen: eine Gesellschaft, die es in der Tat verdient, daß man ihr die Leviten liest. In einer Gesellschaft, in der fast nur noch die Leistung zählt, geraten Kinder, die weder für sich selbst noch für andere etwas *tun*, etwas *leisten* können, nur zu leicht an den Rand. Genauso wie die Alten, die immer weniger und schließlich gar nichts mehr für sich und für die Gesellschaft tun und leisten können. Die Kinder noch nicht, die Alten nicht mehr. Also Randfiguren! Zu nichts nutze: Personen, die die Gesellschaft zur Not auch vernachlässigen kann! Dagegen ist Protest angebracht und Kritik geboten. Auch im Namen Jesu, der die Kinder herzte und gegen seine gewaltsamen Jünger in Schutz nahm.

Man kann das Kinderevangelium auch so lesen: sozusagen als ein sozialethisches Wort zur Lage. Das kann wahrhaftig nicht schaden. Doch eigentlich will unser Text auf etwas anderes hinaus. Jesus hat ja nicht nur dem kinderfeindlichen Verhalten seiner Jünger ein Ende gemacht. Er hat nicht nur die Kinder geherzt, in die Arme genommen und gesegnet. Er hat zugleich die Erwachsenen aufgefordert, selber wie die Kinder zu werden. Dann und nur dann haben sie Zugang zu Gottes kommendem Reich. Dann und nur dann können sie Bürger in Gottes himmlischer Polis werden. Dann und nur dann können sie mit Gott zusammen leben.

Wir wie die Kinder? Wir reifen, lebenserfahrenen, gebildeten Menschen, wir, die wir nach so viel Irrungen und Wirrungen endlich urteilsfähig geworden sind, wir sollen werden wie die Kinder? Ein Plädoyer für infantile Regressionen? Was wird uns da zugemutet!

Und was wird den Kindern zugemutet, wenn die Erwachsenen, wenn Vater und Mutter, Onkel und Tante anfangen, sich wie Kinder aufzuführen? Das Familienleben geriete vermutlich in schwere Turbulenzen. Von der Schule ganz zu schweigen. Man stelle sich das respektgebietende Lehrerkollegium als einen Kindergarten vor! Oder eine Synode und die hohe Kirchenleitung, Präses, Prälat, Bischof und Bischöfin – lauter unmündige Kinder? Unmöglich...

Und so soll nun gar das Reich Gottes aussehen? So soll es in der kommenden Polis zugehen? Als Bürgerinnen und Bürger dieses göttlichen Staates sollen nur unmündige Kinder in Betracht kommen, die nicht erwachsen werden, und dann allenfalls noch Erwachsene, die sich ewige Jugend schwören? Eine bizarre Vorstellung! Einfach absurd! Oder wie meine Berliner Patensöhne sagen würden: total schräg!

Doch Jesus ist nicht gekommen, um unsere in vielfacher Hinsicht wirklich schräge und absurde Welt um eine weitere Absurdität und eine überaus schräge Prognose zu vermehren. Wenn Jesus Gottes kommendes Reich ansagt und es den Kindern zuspricht und allen denen verheißt, die sich wie Kinder verhalten, dann proklamiert und fordert er etwas überaus Vernünftiges.

Es geht freilich nicht darum, daß wir uns einfach in die Welt unserer Kindheit zurückversetzen. Als Heinrich Breloer, der Regisseur des vor kurzem im Ersten Deutschen Fernsehen ausgestrahlten Filmes »Speer und Er« in einer

Anschlußsendung einen Sohn Albert Speers kritisch nach seinen Erinnerungen befragte, sagte dieser: »Ich glaube, daß man sich nur schwer wieder in die Welt eines Kindes versetzen kann.« In der Tat: in die *Welt* des Kindes kann man sich allenfalls in Gedanken zurückversetzen. Und auch das gelingt nur sehr fragmentarisch. Aber das hatte Jesus ja auch nicht gemeint, als er den Zugang zum Reich Gottes denen vorbehielt, die werden wie die Kinder. Nicht in die *Welt* unserer Kindheit zurückzukehren, sondern in das *Sein* eines Kindes einzukehren, mit dem *Sein* eines Kindes identisch zu werden – darum geht es. Und das Sein des Kindes – das entdecken wir in uns, wenn wir das Kind im Mann, wenn wir das Kind in der Frau entdecken.

Es geht also keineswegs darum, daß Erwachsene infantil und kindisch werden, sondern es geht darum, das *Kind im Mann* und das *Kind in der Frau* anzusprechen und ihm zu seinem Recht zu verhelfen. Dann wird auch der erwachsene Mensch in neuer Weise lebendig. Dann lebt er wirklich.

Keine Frage: erwachsen werden bedeutet: abzulegen, was kindisch ist (1. Kor 13,11). Aber es bedeutet nicht: das Kind zu töten, das in jedem von uns lebt und weiterleben muß, wenn wir wirklich erwachsen werden sollen. Wer das Kind in sich tötet, wird niemals erwachsen, sondern nur eben älter, und oft sogar nur auf infantile Weise älter.

Um wirklich erwachsen, um wirklich mündig zu werden, muß hingegen das Kind in uns leben, so leben, daß es unsere auf Leistungen fixierte Arbeitswelt zumindest von Zeit zu Zeit unterbricht und an all das erinnert, was wahres menschliches Leben überhaupt erst möglich macht.

Und nun müssen wir noch einmal fragen: wie machen's denn die Kinder? Wie verhalten sie sich? Was zeichnet sie aus? Warum werden sie von Jesus »geherzt«, in die Arme genommen und gesegnet?

Ganz gewiß nicht wegen ihrer Unschuld, wie viele Ausleger unseres Textes behauptet haben. Jesus war kein Moralist. Er war ein Realist. Und er wußte, daß auch Kinder ausgesprochen boshaft sein können. Jesus hätte nicht in das alte Naumburger Hussiten-Lied einstimmen können, in dem sich ein »Lehrer von der Schul« mit folgenden Worten an seine Schüler wendet: »Kinder, sprach er, Ihr seid Kinder, unschuldsvoll und keine Sünder...«

Kinder unschuldsvoll? Wenn ich, Eberhard Jüngel, an meine Kindheit denke, fällt mit etwas ganz anderes ein als kindliche Unschuld. Kinder keine Sünder? Welch ein Mißverständnis! Dieser Mythos, die Legende von der kindlichen Unschuld und Sündlosigkeit führt ganz und gar in die Irre. Die Wirklichkeit sieht anders aus. Die Kinder wissen das selber am besten. Sie wissen sehr genau, daß sie alles andere als Unschuldsengel sind.

Doch es gibt Züge im kindlichen Verhalten, an denen kann man lernen, wie man in Gottes ewiges Reich gelangt. Schauen wir den Kindern auf den Mund! Schauen wir ihnen in die Augen! Schauen wir ihnen auf die Hände! Und schauen wir ihnen beim Spielen zu!

Wenn Kinder etwas begehren, wenn sie etwas haben oder erreichen wollen, dann werden sie erstaunlich erfinderisch und versuchen zwar nicht mit »groß' Macht«, aber durchaus mit »viel List« ihr Ziel zu erreichen. »Groß Macht'« haben sie nicht. Und weil sie das wissen, fangen sie an zu bitten und zu betteln und entfalten eine verblüffende Überredungskunst, um die sie so mancher parlamentarische Redner eigentlich beneiden müßte. Ja, bitten und betteln – das können die Kinder. Ihren Eltern oder dem lieben Onkel in den Ohren liegen – das können die Kinder.

Sie können aber auch zuhören, mit größter Aufmerksamkeit zuhören. Nämlich dann, wenn man sie mit einer spannenden story erfreut. Und dann nehmen sie jedes Wort ernst, Dann nehmen sie das Wort beim Wort. Ganz streng werden sie dann. Wenn man ihnen einmal vor dem Einschlafen ein Märchen oder irgendeine andere fesselnde Geschichte erzählt hat und einige Tage später von ihnen gedrängt wird, dieselbe Geschichte erneut zu erzählen, und wenn man dann diese Geschichte auch nur leicht variiert, dann wird man von den Kleinen streng zurecht gewiesen. Denn sie haben das Erzählte, sie haben das Wort beim Wort genommen. Ja, hören, aufmerksam und gesammelt zuhören – das können die Kinder.

Und fragen können die Kinder, bohrende Fragen können sie stellen: Warum, Onkel? Wieso? Wozu? Echt? Sie können uns Löcher in den Bauch fragen.

Die drastische Redeweise soll wohl deutlich machen, daß es mehr Fragen gibt als wir beantworten können. Wenn Erwachsene uns Löcher in den Bauch zu fragen drohen, dann wehren wir uns gegen solche penetrante Aufdringlichkeit. Nicht so bei Kindern, denen wir auch dann, wenn sie uns mit ihren Fragen nerven, das Recht dazu zugestehen. Und das auch dann, wenn ihre Fragen uns in Verlegenheit bringen, deshalb in Verlegenheit bringen, weil wir sie beim besten Willen nicht zu beantworten wissen. Es gibt nun einmal in unserem irdischen Leben mehr Fragen als Antworten. Und deshalb ist es gut so, daß die Kinder fragende Menschen sind. Ja, fragen – das können die Kinder.

Und sie können weinen, wenn sie ein Schmerz überfällt oder ein Unglück heimsucht. Dann liegen sie uns mit herzzerreißendem Klagen in den Ohren. Dann schreien sie nach Hilfe und suchen Trost. Ja, bitterlich weinen und klagen – das können die Kinder. Und wie! Sie haben das Herz auf der Zunge, ungeniert.

Und wenn sie glücklich sind, dann fangen sie an zu singen: nicht immer schön, aber ergreifend; nicht immer kunstvoll, aber doch so, daß sie selber von den Tönen sozusagen ergriffen werden: Gefangene der Musik und gerade so ganz und gar frei. Singend können sie sich regelrecht vergessen. Und kommen gerade in dieser Selbstvergessenheit ganz neu bei sich an.

Ich denke da keineswegs nur an bezaubernde Knabenstimmen und zu Herzen gehende Melodien, sondern durchaus auch an die harten Rhythmen, die der Walkman im Ohr der jungen Menschen ihnen zuspielt oder vielmehr reindröhnt und von denen sie so hingerissen werden, daß nicht nur ihre Seele, sondern auch ihr Körper, also der ganze Mensch von diesen Rhythmen durchströmt wird: so sehr, daß sich nun der ganze junge Mensch recht seltsam zu bewegen beginnt. Er wird von jenen harten Rhythmen herausgerissen aus der ihn anödenden tristen Lebenswelt – und hineingerissen in ein ganz anderes, in ein die ganze Person von innen heraus bewegendes Dasein.

Doch wenn der junge Mensch dann plötzlich ins Stolpern kommt, dann fällt das sich eben noch so rhythmisch bewegende Ich aus den es durchströmenden Rhythmen jäh heraus. Und fällt tief, so tief, wie der Körper allein nie fallen kann. Denn es fällt in eine andere Welt. Es fällt in unsere alltägliche Welt zurück, in der es sich partout nicht zurechtfindet. Und die es doch entdecken muß.

Da ist es gut, daß Kinder Hände haben! Keine Hände zum Arbeiten, sondern Hände, die Halt suchen. Wenn sie bei ihren zaghaften Versuchen, die Welt zu entdecken, plötzlich der Mut verläßt, wenn Angst über sie kommt, dann sucht ihre Hand die unsrige. Und dann drückt die kleine Hand des Kindes die große Hand des Erwachsenen. Und der kleine Mensch vertraut sich dem Älteren an. Und wagt sich weiter, Hand in Hand. Und streckt nun wohl auch den bösen Gestalten, die es eben noch ängstigten, verwegen die Zunge raus. Hand in Hand mit einem Älteren wagt man das schon. Ja, vertrauen, sich einem anderen anvertrauen – das können die Kinder. Und eben deshalb gehört ihnen das Himmelreich.

Und sich beschenken lassen, sich die leeren Hände füllen lassen, sich überraschen lassen – auch das können sie. Und dann werden die Augen groß, und ein glückliches Lächeln huscht über das Gesicht. Und der kleine Mensch beginnt zu staunen.

Und Kinder können spielen. Wenn es spielt, dann geht das Kind ganz darin auf, dann will es auf keinen Fall gestört werden, dann ist es ganz und gar im Augenblick. Spielend hat das Kind Zeit, in der es von nichts und von niemand gehetzt wird. Den elenden Zwang, jede Gegenwart in rasendem Tempo durchmessen zu müssen, kennen spielende Kinder nicht. Für sie gilt noch nicht die Nötigung, sich selber ständig vorweg sein zu müssen, um auf jeden Fall dabei zu sein. Der große Philosoph Martin Heidegger hatte behauptet, das sei geradezu die Struktur des menschlichen Daseins: Sich-vorweg-schon-sein-in-der-Welt als Sein-bei-innerweltlich-Seiendem. Das Sein des spielenden Kindes ist weniger kompliziert. Der Philosoph hat das spielende Kind offensichtlich vergessen bei seiner Analyse des menschlichen Daseins.

Vor allem die Kleinsten sind ganz und gar Gegenwartsmenschen. Sie sorgen sich noch nicht um den kommenden Tag. Sie leben ganz und gar im Heute. Die Sorge für das Kommende überlassen sie ganz und gar den Älteren. Und sie tun das so selbstverständlich, daß sie es selbst nicht einmal merken. So sorglos sind sie. Und fast ist man versucht, mit dem großen Theologen Friedrich Daniel Ernst Schleiermacher zu sagen: hier ereignet sich so etwas wie »ewig sein in einem Augenblick«.

Auf jeden Fall aber stimmen wir der Behauptung unseres großen Dichters Friedrich Schiller zu: »Der Mensch ist nur da ganz Mensch, wo er spielt.« Spielend entdeckt der Mensch Möglichkeiten, von denen die Alltagswirklichkeit keine Ahnung hat. Spielende Kinder – das sind Möglichkeitsmenschen, die den Vorrang der Möglichkeit vor der Wirklichkeit repräsentieren. Je erwachsener der Mensch wird, desto mehr fixiert er sich auf das Wirkliche. Ihm wird immer weniger möglich. Je älter er wird, desto mehr ist er – wie Thomas Manns *Lotte in Weimar* – »dafür, daß man sich rüstig ans Wirkliche halte, das Mögliche aber auf sich beruhen lasse«. Genau das aber tut das spielende Kind nicht. Seine Wirklichkeit schwingt über in Möglichkeiten, die es ihm erlauben, die alte Welt mit neuen Augen zu sehen: Augen, für die Phantasie und Genauigkeit noch keinen Gegensatz bilden, sondern sich zu einem ausgesprochen kreativen Blick vereinen.

Und darin ist das Kind, ohne es selber zu merken, das Urbild eines glaubenden Menschen. Behauptet doch das Evangelium (Mk 9,23), alles sei möglich dem, der glaubt. Das ist freilich sehr hoch gegriffen. Es muß ja nicht gleich *alles* sein. Doch daß der Glaube uns Möglichkeiten zuspielt, ohne die unsere Wirklichkeit recht alt aussähe – das ist unbestreitbar.

Die Liebe ist eine solche Möglichkeit, die uns, selbst wenn wir zu den Alten zählen – und auch Alte können sich noch leidenschaftlich verlieben! –, allemal neu belebt. Und uns die Erfahrung von Ganzheit eröffnet. Wenn ich mit mir allein bin, bin ich immer nur ein Torso, ein Fragment. Ein ganzer Mensch werde ich nur, wenn ich bei einem anderen Menschen zu mir selbst komme. Und erst recht, wenn ich bei Gott zu mir selbst komme. Im Glauben kündet sich diese Ganzheit an, die die Liebe gewährt. Und im Glaubenslied stellt sich bereits etwas von dieser Ganzheit ein. Denn singend – und so Gott lobend und dankend – schwingen wir über unsere oft so zersplitterte und zerrissene Existenz hinaus: dahin, wo wir ganz werden.

Nun wissen wir, was sie alles können, die Kinder. Sie können bitten und betteln, sie können weinen und klagen. Und indem sie anderen mit ihren Bitten, aber eben auch mit ihrem Notschrei in den Ohren liegen, erinnern sie uns daran, was *beten* heißt. Und daß es den Menschen auszeichnet, beten zu können und beten zu dürfen. Wer betet, der ist auf dem Weg in Gottes kommendes Reich.

Aber auch zuhören und fragen können die Kinder. Indem sie aufmerksam hören und mit kindlicher Strenge das Wort beim Wort nehmen, lassen sie sich in die erzählte Geschichte verstricken. Und so erinnern sie uns daran, daß wir alle »in Geschichten verstrickt« sind. Menschsein heißt: in Geschichten verstrickt sein – hat ein nachdenklicher Kopf zu Recht behauptet. Kommt nur darauf an, in welche Geschichten. Man kann in Unheilsgeschichten verstrickt werden. Und zwar nicht nur privat. Ein ganzes Volk kann in eine Unheilsgeschichte verstrickt sein und muß sich dann damit auseinandersetzen, jahrzehntelang. Als Jesus das Reich Gottes verkündigte, da wollte er uns in eine Geschichte mit Gott verstricken: mit dem Gott, der Gefangene befreit und Sünder aus der selbstverschuldeten Knechtschaft ihrer Lebenslügen erlöst. Deshalb lohnt es sich, auf sein Wort zu hören und es so beim Wort zu nehmen, daß wir in die Freiheitsgeschichte mit Gott verstrickt werden. »Hörend« hat Luther in einer seiner Tischreden gesagt, »hörend entsteht ein Christenmensch«. Von den Kindern kann man lernen, was Worte vermögen, was Gottes Wort vermag. Denn hören – ja, das können die Kinder.

Und fragen – das können sie genau so gut. Das können sie nur zu gut. Indem sie uns Löcher in den Bauch fragen, erinnern sie uns daran, daß wir auch Gott gegenüber mehr Fragen haben als selbst die gründlichste Theologie zu beantworten vermag. Und daß diese Fragen auch dann ihr Recht behalten, wenn sie niemand beantworten kann. Die Theodizee-Frage ist eine der bedrängendsten von ihnen. Sie stellt sich immer wieder, manchmal sehr intim, manchmal öffentlich und weltweit wie zuletzt bei der schrecklichen Tsunami-Katastrophe. Und doch können wir sie nicht beantworten. Nur Scharlatane meinen das zu können. In einer hochgelehrten Disputation, in der man zeigen muß, was man alles weiß, hat Doktor Martin Luther einmal dazwischengerufen: »In der Theologie ist es uns erlaubt, auch einiges nicht zu wissen: in theologia licet nobis quaedam ignorare«. Ich habe mir diesen Satz abgeschrieben und an meine Wohnungstür geheftet. Da tröstet er mich nun täglich. Doch daß es auf dringliche und dringlichste Fragen *keine Antworten* gibt, darf auf keinen Fall dazu führen, solche Fragen zu verbieten. »Fragen«, hat der Philosoph Martin Heidegger einmal notiert, »ist die Frömmigkeit des Denkens«. Von den Kindern können wir lernen, auch dann weiter zu fragen, wenn es aussichtslos zu sein scheint, eine treffende Antwort zu finden. Denn fragen – das können die Kinder.

Und singen können sie. Sie singen wie der Vogel singt: ganz selbstvergessen. Und in ihrer Selbstvergessenheit sind sie das Urbild eines freien Menschen. Und wenn es andere besser können als sie – wie in der Legende vom alten Nöck –, dann bitten selbst die bösen Buben: »Komm wieder, Nöck, Du singst so schön. Wer singt, kann in den Himmel gehn.« Er kann es jedenfalls sehr viel leichter als ein unentwegt mit sich selbst beschäftigter Mensch, der sich niemals und nirgends vergessen kann und deshalb nicht nur anderen, sondern auch sich selbst das Leben unerträglich schwer macht. Kinder erinnern uns, jedenfalls in ihren glücklichen Augenblicken, an jene Leichtigkeit des Seins, ohne die wir nur schwere Erdenklöße wären: Trauerklöße.

Und auch daran erinnern uns die Kinder, wenn sie ihre kleine Hand vertrauensvoll in unsere Hand legen und sie drücken und dann Schritte voran wagen in eine noch zu entdeckende Welt: auch daran erinnern sie uns, daß zum Menschsein Gottvertrauen gehört und daß Gottvertrauen mutig macht – mutig, die Welt mit ihren herrlichen Möglichkeiten *und* mit ihren dicht daneben lauernden bedrohlichen Gefahren zu entdecken. Wer sich Gott anvertraut – der ist auf dem Weg in die Welt und doch zugleich auf dem Weg in Gottes kommendes Reich.

Und wenn die Kinder sich so gern beschenken und überraschen lassen und staunend lachen oder lachend staunen, dann erinnern sie uns daran, daß der Mensch nicht nur der unentwegt tätige und produzierende Leistungsmensch ist, der aus sich und seinem Leben *etwas machen* will, sondern daß er dieses sein Leben, aus dem er etwas machen soll, zunächst einmal *empfangen* hat und daß Gott ihm noch viele weitere gute Gaben zugedacht hat, die man nicht erwerben kann, sondern die man sich nur schenken lassen kann. Gewiß, »geben ist seliger als nehmen« (Apg. 20,35). Aber noch viel seliger als *geben zu können* ist es, nehmen, ungeniert und dankbar *nehmen zu können*. Der ist wahrhaftig selig zu preisen, dem steht das Himmelreich offen, der sich von dem göttlichen Vater beschenken läßt wie ein lachendes Kind. Dann und nur dann kann man sich auch unter Tränen an Gott halten, sollte unser Lebensweg uns ins finstere Tal führen. Dann und nur dann kann man auch *de profundis* zu Gott schreien.

Und schließlich erinnern uns die Kinder auch daran, daß es zwar menschlich ist, sich immer auch vorweg zu sein und um das Kommende ernsthaft zu sorgen, daß es aber *noch menschlicher* ist, unsere Sorge und unsere Besorgungen wenigstens von Zeit zu Zeit unterbrechen zu lassen, uns wenigstens von Zeit zu Zeit der ganzen Weltwirklichkeit zu entledigen und uns in solchen Augenblikken ganz auf Gott und seine Möglichkeiten zu konzentrieren, sozusagen gottunmittelbar zu werden: »ewig sein in einem Augenblick«. Dann wachsen auch mir neue Möglichkeiten zu, und ich oft so zerrissener Mensch fange an, ein ganzer Mensch zu werden. Wenn ich mit Gott ohne Angst zusammen komme, dann kann ich mich so vergessen, daß ich endlich zu mir selber finde, ja dann bin ich ganz selbstvergessen bei mir selbst – wie das spielende Kind.

Wie die Kinder, liebe Zuhörerinnen und Zuhörer! Wir haben ihnen auf den bittenden und bettelnden Mund geschaut. Und auf die Fragen, die aus ihm herauskommen. Wir haben uns an ihr aufmerksam hörendes Ohr erinnert, das so zu hören vermag, daß man in Geschichten verstrickt wird. Wir haben in ihre staunenden Augen geschaut. Wir haben auf ihre Halt suchenden Hände geschaut, und wir haben ihnen beim Spielen zugeschaut. Und wenn nun bei dem einen oder der anderen von Ihnen, liebe Schwestern und Brüder, das Kind im Mann, das Kind in der Frau angesprochen wurde, dann lassen Sie es in Gottes Namen spielen! Auf diese Weise nähern Sie sich spielend dem ewigen Leben. Auf diese Weise kommen Sie spielend in Gottes kommendes Reich. Und vielleicht werden Sie da sogar auf erstaunte Engel stoßen, die – wie der sich wundernde Berliner – verwundert zu sich selber sagen: Kinder, Kinder… – Amen.

Johannes 7,37f. und 43

»Gott ist gegenwärtig« – was heißt das, liebe Gemeinde? Und wichtiger noch: wie erfährt man das, daß Gott präsent ist, mitten unter uns?

Selbstverständlich ist das ja nicht. Ganz und gar nicht. Wo war er denn, als in Emsdetten ein an fehlender Anerkennung leidender und auf so etwas wie Rache sinnender junger Mann hemmungslos auf alle schoß, die ihm vor die Flinte kamen? Nein, in der ebenso brutalen wie hilflosen Aktion des unglücklichen Mörders war Gott bestimmt nicht gegenwärtig. Und wo war er denn, als in der polnischen Grube von Rula Slaska eine Methangas-Explosion dem Leben der Bergarbeiter unter Tage ein jähes Ende machte? Das sind nur zwei Schreckensnachrichten aus der letzten Woche: zwei Schreckensnachrichten von vielen, die uns hart vor Augen führen, daß sich Gottes Gegenwart in unserer Welt wahrhaftig nicht von selbst versteht. Vielleicht ist er ja in tiefer Verborgenheit an der Seite der Opfer. Aber erfahrbar ist Gottes Gegenwart nur da, wo er aus der Tiefe seiner Verborgenheit hervortritt und bei uns ankommt. Es gibt in geistlichen Dingen keine Gegenwart ohne Ankunft. Es gibt für den Glauben keine Präsenz Gottes ohne seinen Advent.

Davon geht auch der Textabschnitt im 7. Kapitel des Johannes-Evangeliums aus, auf den wir uns am Ende der Predigtreihe über Gottes Gegenwart besinnen sollen. Es heißt da in den Versen 37, 38 und 43:

Am letzten Tag des [Laubhütten-]Festes, der der höchste war, trat Jesus auf und rief: Wen da dürstet, der komme zu mir und trinke! Wer an mich glaubt, (wird erfahren,) was die Schrift sagt (nämlich):
Aus seinem Leib werden Ströme lebendigen Wassers fließen … Da entstand eine Spaltung im Volk – seinetwegen.

Alles klar, liebe Gemeinde?

Ehrlich gesagt: mir war das meiste unklar, als ich diesen Text zu verstehen suchte. Und als ich die gelehrten Kommentare zu Rate zog, wurde es auch nicht besser. Eher noch schlimmer. Mindestens drei Fragen drängen sich auf.

Von wessen Leib sollen da Ströme lebendigen Wassers fließen: vom Leib dessen, der da trinkt, oder vom Leib dessen, der die Dürstenden zu sich ruft? Es ist unklar. Jedenfalls auf den ersten Blick.

Wie kann Jesu großzügige Einladung an alle Dürstenden eine Spaltung hervorrufen im Volk: eine Einladung, die doch niemanden ausschließt? Alle, die glauben, daß ihr Lebensdurst von diesem Jesus gelöscht werden kann, sind willkommen. Er wendet sich allen zu, will für alle da sein. Wieso dann eine Spaltung im Volk – seinetwegen? Es ist unklar. Jedenfalls auf den ersten Blick.

Aus einem menschlichen Leib sollen Ströme lebendigen Wassers fließen – wo hat die Heilige Schrift dergleichen jemals geweissagt? Im ganzen Alten Testament findet sich eine solche Weissagung nicht. Wo findet man sie dann? Es ist unklar. Und das nicht nur auf den ersten Blick.

Was nun? Wie gewinnen wir Klarheit?

»Wenn aber ein Gott erscheint auf Himmel und Erd' und Meer, kömmt allerneuende Klarheit« – behauptet Friedrich Hölderlin in einem der eindrücklichsten seiner Gedichte. Machen wir die Probe aufs Exempel!

Jesus tritt ja im Namen Gottes auf, mehr noch: er erscheint – zumindest im Johannes-Evangelium – wie ein Gott, wenn er durch das heilige Land zieht. Der Himmel tut sich über ihm auf, als er zu Johannes dem Täufer an den Jordan kommt. Die Wellen des Galiläischen Meeres gehorchen ihm. Und die Menschen strömen ihm zu, wo immer er auftritt. Der Täufer bezeugt es denn auch ausdrücklich: »Dieser ist Gottes Sohn« (Joh. 1,34). Bei ihm sollten also auch wir »allerneuende Klarheit« gewinnen, wenn wir die seltsame Szene im Jerusalemer Tempelbezirk verstehen wollen.

In der heiligen Stadt geht das Laubhüttenfest zu Ende, das volkstümlichste und damals wohl auch bedeutendste unter den Festen Israels: ein Freudenfest, vergleichbar unserem Erntedankfest. Israel blickt während dieses Festes zurück auf die Wein-, Obst- und Olivenernte und bringt Gott Dankopfer dar – vor allem wenn die Ernte groß ist. Und man blickt noch weiter zurück und gedenkt der Zeit, in der das aus Ägypten fliehende Volk durch die Wüste zog und in notdürftigen Hütten wohnte, die aus Laubzweigen errichtet wurden und also vergänglich waren – wie das vom Wind verwehte Laub nun einmal vergänglich ist.

Man blickt an diesem Laubhüttenfest aber zugleich nach vorn, man hält Ausschau nach Gottes kommendem Reich und seiner das irdische Leben vollendenden Ankunft – so wie Israel in der Wüste nach dem verheißenen Land Ausschau hielt. Und so ist dieses Fest beides zugleich: ganz irdisch, ganz weltlich einerseits – wie es ein reich gedeckte Tisch eben nahelegt; und doch ganz geistlich, voll von Advents-Erwartung, ja voller Sehnsucht nach dem kommenden Gott und seinem himmlischen Reich, voller Sehnsucht nach einem gelingenden Leben in Gottes Gegenwart. Das muß man wissen, wenn man Jesu Auftritt im Tempelbezirk verstehen will.

Und auch das muß man wissen: Am Laubhüttenfest wohnt man in Jerusalem sieben Tage lang erneut in Laubhütten – wie damals in der Wüste. Und man versteht die eigene Existenz in dieser Festzeit als ein Leben im Übergang: im Übergang eines ganz irdischen, ganz geerdeten Lebens, in dem Oliven geerntet werden und Wein gekeltert wird, hin zu einem für immer gelingenden ewigen Leben in einer für immer bergenden Heimat, in der nichts und niemand mehr – wie das Laub – vom Winde verweht wird, sondern nur noch Gottes stabile Ewigkeit vor uns ist.

Doch nun werden während des Laubhüttenfestes nicht nur Ernte-Dank-Opfer dargebracht. Es gibt auch kultische Wasserspiele. Aus einer Quelle wird in einem feierlichen Ritual Wasser geschöpft und auf dem Altar ausgegossen: wohlgemerkt kein abgestandenes Wasser aus der Zisterne oder aus irgendeinem Tümpel, sondern frisches Quellwasser wurde auf dem Altar gespendet. Auch das ist – wie das Wohnen in den Laubhütten – ein hochsymbolischer Vorgang. Er soll daran erinnern, wie sehr unser Leben vom Wasser abhängig ist, von frischem, lebendigem Wasser aus der Quelle zumal.

Ohne Wasser – das weiß jeder – *ohne Wasser* geht nichts. Wasser gehört zu den elementaren Lebensmitteln, ohne die alle anderen Lebensmittel nun einmal nicht gedeihen. Ohne Wasser kein Wein, ohne Wasser kein Brot, ohne Wasser keine Ernte. Ohne Wasser wird die Erde und alles, was auf ihr wächst, dürr und wüst. Und wenn das Wasser länger ausbleibt, dann wächst die Wüste.

Wachsende Wüsten – das ist aber nicht nur eine Realität im endlosen Sand. Wachsende Wüsten – das ist auch eine Realität in unserer Gesellschaft, eine ökonomische Realität, eine politische Realität. Wachsende Wüsten – das ist allerdings auch ein Symbol für die Ödnis und für die gähnende Leere, die *in uns* Platz greifen kann: eine psychische Realität, die überall da entsteht, wo unser Leben von der Lebensquelle abgeschnitten wird und ohne ursprüngliche Lebenskraft nur noch dahindümpelt: herkunftslos, ziellos, interesselos. Dann tritt ein, was Friedrich Nietzsche mit der ihm eigenen Sprachkraft so formuliert hat: »Die Wüste wächst. Weh dem, der Wüsten birgt!«

In Israel kennt man wachsende Wüsten. Gleich vor den Mauern Jerusalems beginnt eine Wüste, eine von vielen. Wer in ihr überleben will, ist auf Wasser angewiesen. In Israel weiß man aber auch um die Wüsten, die *in uns* wachsen. Eben deshalb ist die Wasser-Spende auf dem Altar des Tempels ein so hochsymbolischer Akt. Er soll auf jene lebendige und lebendig machende Quelle verweisen, die unseren Lebensdurst stets aufs neue zu stillen vermag. Am Laubhüttenfest bringt Israel seine Sehnsucht nach einer solchen Quelle zum Ausdruck: seine Sehnsucht nach der Quelle wahren, authentischen Lebens.

Wer kennt diese Sehnsucht nicht? Sage niemand, das sei allenfalls die Sehnsucht alter Leute, die Sehnsucht derer, die schon mit einem Bein im Grabe stehen, während die jungen Leute, die von einer Party zu anderen ziehen und sich ihres irdischen Lebens freuen, keine Ahnung davon hätten. Mögen sie ihr Partyleben genießen! Von mir aus in vollen Zügen. Doch in dem Augenblick, in dem sie erfahren, daß wahres Leben sich als Zusammenleben ereignet und daß solches Zusammenleben nur in Liebe gelingt, in dem Augenblick erschließt sich auch ihnen die Sehnsucht nach einer Lebensquelle, aus der man täglich neu schöpfen kann. Und sie werden traurig, wenn sie merken, daß diese Quelle in ihrem Leben verschüttet oder gar vergiftet ist.

An diese Sehnsucht knüpft Jesus an, wenn er die Dürstenden zu sich ruft. Wohlgemerkt: nicht in den Tempel, nicht an den Altar, sondern zu sich. Die Quelle des Lebens, das ist seine Botschaft: die Quelle wahren, authentischen Lebens – die findet Ihr bei mir!

Quelle – das ist das Wort, liebe Gemeinde, das in unseren zunächst so unklaren Text jene Klarheit bringt, die Hölderlin »allerneuende Klarheit« nannte.

Denn das ist klar: Quelle ewigen Lebens kann dieser Jesus aus Nazareth nur dann sein, wenn Gott selber in ihm gegenwärtig ist. Quelle ewigen Lebens ist dieser Mensch, weil und insofern er Gottes Gegenwart verströmt, so verströmt, daß auch ich sie erfahren kann.

Und das ist auch klar: Wer aus diese Quelle schöpft, wer aus ihr trinkt und also Gottes Gegenwart erfährt, der erfährt, wie die Wüste in uns aufhört, zu wachsen. Mehr noch: er erfährt, wie in uns Oasen entstehen. Und daß dann statt der Wüste die Oasen zu wachsen beginnen und daß sie nicht aufhören werden zu wachsen, bis in uns nichts mehr öde und wüst ist und leer. Dann gewinnt unser Leben beides: Tiefe und Klarheit, eine Quellwasser erschließende Tiefe und eine aus der Tiefe bis an die Oberfläche reichende »allerneuende Klarheit«.

Und wie wird uns Gott gegenwärtig: so gegenwärtig, daß unser ermüdetes Leben wieder wach und lebendig wird und allerneuende Klarheit unser Leben erhellt? Wie wird Gott gegenwärtig?

Das Lied, das wir vorhin gesungen haben, gibt keine treffende Antwort. »Alles in uns schweige«, heißt es da. Doch aus unserem Schweigen geht Gottes Gegenwart ganz bestimmt nicht hervor. Nichts gegen ein wohltätiges Schweigen! Es ist allemal besser als das uns nervende Geschwätz, das leider in der Kirche genau so anzutreffen ist wie in der Politik. Doch im Johannes-Evangelium wird Jesus mit Bedacht »das Wort« genannt. »Im Anfang war das Wort. Und das Wort war bei Gott«. Und es war ein schöpferisches Wort.

In den ersten Sätzen der Bibel wird davon erzählt. »Gott sprach: es werde Licht. Und es ward Licht«. Der Psalmist kommentiert treffend: »Wenn er spricht, so geschieht's«.

Das geschieht aufs neue, wenn Jesus uns zu sich ruft, um uns Gottes Gegenwart zuzusprechen. Und um dann auf unsere Antwort zu warten, auf unser Gebet und unseren Gesang. Dann entsteht – um noch einmal Hölderlin zu zitieren – ein Gespräch zwischen Himmel und Erde. »Und der Vater thront nun nimmer oben allein … Seit ein Gespräch wir sind und hören können voneinander«.

So – im Hören auf den zu uns redenden Gott und im antwortenden Gebet und Gesang – so entsteht Gottes Gegenwart und seine allerneuende Klarheit.

Doch das ist auch klar, liebe Gemeinde: Gottes Gegenwart gilt zwar mir, sie will mich erreichen; aber sie gilt nicht nur mir, sie will auch meine Nachbarn, meine Freunde, ja sogar meine Feinde erreichen. Die göttliche Lebensquelle ist kein Privatbesitz. Ist Gott für die Glaubenden da, dann ist er auch für die da, die nicht glauben, nicht mehr glauben, noch nicht glauben. Ist Gott für mich elenden Sünder da, dann gibt es keinen Menschen im großen Berlin, dann gibt es in der ganzen großen Welt keinen einzigen, für den er nicht da ist. Und genau das haben die Glaubenden zu bezeugen. Und sie bezeugen es nicht nur mit frommen Worten, sondern auch, indem sie ganz weltlich den vielen ökonomischen und politischen, aber auch den unzähligen seelischen Wüsten, auf die sie stoßen, Oasen abzugewinnen versuchen: fruchtbares Land, das dem Leben auf Erden günstig ist.

Und so gehen nicht nur von Jesus Christus, sondern auch von allen, die an ihn glauben, Ströme lebendigen Wassers aus, die dem Leben zugute kommen: dem ewigen Leben, dessen Quelle *Jesus Christus ganz alleine* ist; aber eben auch dem irdischen Leben, das lebendig zu erhalten *unsere Pflicht, unsere Aufgabe* ist.

Und das ist eine herrliche Pflicht, eine großartige Aufgabe. Wer sie erfüllt, dem wird klar: nicht die Wüste, nein die Oase wächst. Wohl denen, die Oasen schaffen!

Doch noch ist nicht alles klar, liebe Gemeinde. Noch ist unklar, warum Jesus Christus, warum Gottes Gegenwart in ihm eine Spaltung hervorruft im Volk: ein Schisma, wie es im griechischen Urtext heißt. Warum erzeugen Religionen immer wieder Konflikte: fanatische und nicht selten sogar mörderische Konflikte? Warum kommt es auch in der Geschichte der christlichen Kirche so oft zu einem Schisma?

Zweifellos deshalb, weil man für den eigenen Glauben Wahrheits-Ansprüche erhebt. Das dürfen die Konfessionen und Religionen allerdings, ja das sollen sie: Wahrheit beanspruchen. Doch wie so oft im Leben kommt auch hier alles darauf an, *wie* man das Berechtigte und Richtige tut. Wer behauptet, die Wahrheit *zu haben, zu besitzen*, der macht sich zum Eigentümer der Wahrheit. Habemus veritatem, wir haben, wir besitzen die Wahrheit – meint man dann. Und meint, mithilfe der Wahrheit *herrschen* zu können.

Doch solche Herrschafts-Ansprüche enden in der Regel in religiösem oder ideologischem Fanatismus. Wer mit Hilfe der Wahrheit über andere herrschen will, der erzeugt geradezu zwangsläufig Konflikte und Spaltungen. Die Wahrheit zu besitzen, sie zu haben – dieser Anspruch ist vermessen. Es reicht, wenn die Wahrheit uns hat.

Und wenn nicht ich die Wahrheit habe, sondern die Wahrheit mich hat, dann fängt man an ihr zu *dienen*. Und *bittet* für sie. Der Apostel Paulus bittet sogar an Christi statt, als Christi Stellvertreter. Und das heißt, daß Christus selber ein Bittender, ein für die Wahrheit des Evangeliums Bittender ist. Kein Feldherr, kein Befehlshaber, sondern ein

Bittender! Hätte man seine Einladung an alle nach Leben Dürstenden als Bitte verstanden und dann aus dieser Lebensquelle getrunken – es wäre seinetwegen kaum zur Spaltung, zum Schisma gekommen.

Der Anspruch, Besitzer der Wahrheit zu sein, macht rechthaberisch und intolerant. Wer unfehlbar zu sein beansprucht, wird schnell immun gegen Kritik und Korrektur. Unfehlbare Menschen und unfehlbare Institutionen begehen denn auch unrevidierbare Irrtümer, in deren Namen man die Andersdenkenden und Andersgläubigen bekämpft. Die Religionsgeschichte ist voll von abschrekkenden Beispielen. Und die Geschichte atheistischer Weltanschauungen ist es auch.

Doch wenn nicht wir die Wahrheit haben, sondern die Wahrheit uns hat und uns zu Bittenden macht, dann erfahren wir, daß Wahrheit sich nur in Freiheit durchsetzen kann. Dem Dürstenden muß man nicht befehlen, zu trinken. Man muß ihn nicht zwingen. Man braucht ihm nur die Quelle zu zeigen. Und er wird trinken.

Davon geht Jesus aus. Vielleicht ist er deshalb in der Welt der Religionen ein Außenseiter, weil er nur eine Wahrheit kennt, die befreit. Und vielleicht mobilisiert gerade seine Gewaltlosigkeit die Gewaltbesessenen. Vielleicht provoziert er deshalb die Mächte der Finsternis, weil er allerneuende Klarheit bringt.

Bleibt noch die dritte verwirrende Unklarheit unseres Textes, der behauptet, daß Jesu Einladung an alle Dürstenden und daß seine Verheißung, von ihm aus würden sich Ströme lebendigen Wassers in die äußeren und inneren Wüsten ergießen, schon in der heiligen Schrift der Juden angekündigt wurde. Kein Gelehrter hat eine solche Weissagung gefunden. Auch ich habe die Schrift studiert mit heißem Bemühen. Ohne Erfolg. Diese Unklarheit bleibt also, liebe Gemeinde. Doch das muß nun tapfer ertragen werden.

Aber das werden wir schaffen. Diese Unklarheit wird zudem gewiß keinen wirklich Durstigen davon abhalten, aus der Quelle des Lebens zu trinken.

Und wer das tut, wer auch immer aus dieser Quelle trinkt – er sei in der Kirche zuhause oder er blicke eher skeptisch vom Markt in die Kirche hinein – wer aus dieser Quelle trinkt, dem wird noch etwas ganz anderes klar. Lassen Sie mich diese noch einmal ganz andere Klarheit mit einem etwas gewagten Gleichnis zum Ausdruck bringen.

Aus der Reklame kennen wir den Spruch: Bier macht Durst erst schön. Zumindest den Biertrinkern – ich gehöre übrigens dazu – leuchtet das ein. Wer aus der Quelle des wahren, des authentischen und deshalb ewigen Lebens trinkt und so Gottes Gegenwart erfährt, dem leuchtet etwas Ähnliches ein. Denn er erfährt, daß der Trunk aus dieser Quelle uns nicht etwa abstinent, sondern aufs neue überaus durstig macht: durstig nach dem Zusammenleben mit Gott. Und er macht die überraschende Erfahrung, die auf ihre Weise auch die Biertrinker machen: ein Schluck aus dieser Quelle macht unseren Lebensdurst erst schön. Amen.

Johannes 14,8-10

»Stürmisch bewegt« soll es beim diesjährigen Europäischen Musikfest in Stuttgart zugehen, liebe Gemeinde: »stürmisch bewegt«.

Da kann ein bißchen Ruhe vor dem Sturm gewiß nicht schaden. Wir wollen uns deshalb jetzt auf einen Text aus dem 14. Kapitel des Johannesevangeliums besinnen, der eine bemerkenswerte Ruhe ausströmt. Keine Friedhofsruhe, gewiß nicht! Wohl aber die Ruhe einer tiefen, unerschütterlichen Gewißheit.

Auf die ungeduldige, drängende, ja bedrängende Bitte des Jüngers Philippus *»Herr, zeige uns den Vater, und es genügt uns!«*, antwortet Jesus ruhig, aber bestimmt: *»Wer mich sieht, der sieht den Vater.«* Und er fügt erläuternd hinzu: *»Die Worte, die ich zu Euch rede, die rede ich nicht von mir selbst aus.«*

Sehr sinnlich geht es in diesem Wortwechsel zwischen Jesus und einem seiner Jünger zu, liebe Gemeinde: Zeigen, Sehen, Reden, Hören! Jesus beansprucht offensichtlich unsere Sinne, wenn es um Gott geht. Keine Sorge: er beansprucht auch unseren Verstand, unser Denken und unser Urteilsvermögen. Und ich werde das in dieser Predigt auch tun. Jedenfalls ein bißchen. Doch Vernunft und Sinnlichkeit sind bei Jesus – wie auch sonst in der Bibel – einander nicht Feind. Ganz im Gegenteil: »Ihr sollt Eure eigenen Sinne zu Ende denken!« Diese Aufforderung stammt zwar von Friedrich Nietzsche, der der Meinung war, daß dann, wenn wir unsere Sinne zu Ende denken, der Glaube an Gott für immer verendet. Doch Jesus fordert uns ebenfalls auf, unsere Sinne zu Ende zu denken. Er war sich aber dessen gewiß, daß wir gerade dann dem lebendigen Gott auf die Spur kommen.

Daran muß zunächst einmal erinnert werden, um all den pseudotheologischen Schrott und Unfug beiseite zu schaffen, mit dem die menschliche Sinnlichkeit auch und gerade in der Kirche immer wieder regelrecht verteufelt wurde. Jesus hat sich an dieser Verteufelung unserer Sinnlichkeit jedenfalls nicht beteiligt. Ganz im Gegenteil: selbst wenn es um den geht, über den hinaus Größeres nicht gedacht werden kann, selbst wenn es um Gott geht, bringt Jesus unsere Sinne ins Spiel und sagt: »Sehet! Sehet die Lilien auf dem Felde.« Nein, es ist wahrhaftig *kein theologisches Kompliment,* wenn man einem Menschen attestieren zu müssen meint, er habe seine fünf Sinne nicht beieinander.

Was nutzt auch die tiefsinnigste Vernunft, was nutzt der schärfste Verstand, wenn unsere Sinne verrückt spielen? Noch einmal: wir können und sollen unseren Verstand gebrauchen, optimal gebrauchen. Und wenn »unser Wissen und Verstand mit Finsternis umhüllet« ist, dann gilt es zu beten: »Zünd uns ein Licht an im Verstand!« Oder auf gut schwäbisch: »Herr, schmeiß Hirn ran!« Aber wir können und sollen auch sehen, hören, riechen, schmecken und tasten. Und das mit Lust! Jedenfalls dann, wenn dies möglich ist. Denn nicht immer erregt das, was uns in die Sinne fällt, ja auch Lust und Vergnügen. Manchmal ekeln wir uns auch.

Doch alle diese unsere Sinne bleiben keineswegs nur an der Oberfläche unserer Existenz. Was wir sinnlich wahrnehmen, dringt nicht selten tief in uns ein, oft bis in das intimste Zentrum meines Lebens. Gängige Redewendungen, aber auch vielsagende Verse unvergeßlicher Gedichte belegen es.

Wenn man einen Menschen nicht riechen kann, dann ist ja mehr als nur die Nase im Spiel. Wenn uns eine Bachsche Motette zu Herzen geht, dann hat das Gehörte ja nicht nur das Ohr, sondern den ganzen Menschen erreicht und ergriffen. Der große Theologe Friedrich Schleiermacher kannte sogar so etwas wie »Sinn und Geschmack fürs Unendliche« und hat das dann »Religion« genannt.

Unser heutiger Predigttext wendet sich in besonderem Maße an unser Seh-Vermögen, aber dann sogleich auch an unser Hör-Vermögen. Und das eben so, daß unser Sehen und Hören das Herz erobern soll. Denn mit dem Herzen sieht man weiter. Und mit dem Herzen hört man differenzierter. Deshalb: wer Augen hat zu sehen, der sehe, und wer Ohren hat zu hören, der höre! Doch wer ein Herz hat, der sehe und höre nicht nur mit den Augen und Ohren, sondern der sehe und höre eben auch mit seinem Herzen!

Unser Text gehört zu den so genannten Abschiedsreden des Johannesevangeliums, in denen Jesus den Jüngern seinen bevorstehenden Tod ankündigt und zugleich auf den Sinn seines Todes zu sprechen kommt. Für ihn, den Mensch gewordenen Sohn Gottes, ist der Tod nicht nur das Ende des irdischen Lebens, nicht nur der Abschied von dieser Welt, sondern die Heimkehr zum Vater oder, bildlich ausgedrückt, die Heimkehr ins Vaterhaus. Und das mit dem erklärten Ziel, auch seinen Jüngern im Haus des himmlischen Vaters eine Stätte zu bereiten.

Haus, das Vaterhaus zumal – das ist in der Sprache der Bibel der Ort, an dem man bleiben kann. Zu Hause sein – das heißt in der Sprache der Bibel soviel wie geborgen sein. Zu Hause – da sind einem nicht nur die Dinge, sondern auch die Menschen vertraut und nahe. Und manchmal ist das ja sogar auch noch heute so. Manchmal.

Doch wir kennen – oft sogar aus eigener bitterer Erfahrung – auch erschreckende Gegenbeispiele, die einen jungen Menschen veranlassen können, dem Vaterhaus zu entfliehen und befreit aufzuatmen, wenn man es hinter sich hat: das Elternhaus.

Für die Bibel war es indessen die Regel, daß das Vaterhaus Nähe signalisierte, und zwar *wohltuende* und nicht etwa jene erdrückende Nähe, die einen aus dem Elternhaus vertreibt. Wenn Jesus den Seinen im Haus des himmlischen Vaters eine Stätte bereiten will, dann um ihnen Gott *wohltuend nahe* zu bringen und so seinerseits mit ihnen zusammen ewig in Gottes wohltuender Nähe zu leben.

Indessen, der Weg dahin, der Weg zur wohltuenden Nähe ewigen Zusammenlebens mit Gott führt durch den Tod: den Tod, den wir doch als das genaue Gegenteil, nämlich als die alle Nähe und Geborgenheit zerstörende Macht erfahren. Seltsame Paradoxie: die Trennung soll bleibende Nähe, der Tod soll ewiges Leben bewirken?

Kein Wunder, daß die Jünger angesichts dieser Ankündigung unruhig werden. Trennungsschmerz stellt sich ein. Und in den Trennungsschmerz mischt sich Unverständnis, ja Unmut. Der Gottessohn soll *sterben* müssen, damit wir für immer mit Gott zusammen sein und zusammen leben können? Muß denn Religion so kompliziert, muß der Glaube so paradox sein?

Das hat sich wohl nicht nur Philippus gefragt. Das fragten und fragen sich doch fast alle, die mit Ernst Christen sein wollen. Und so haben denn wohl auch die meisten von uns Verständnis für die unwirsche Aufforderung des Philippus: »Herr, zeige uns den Vater, und es genügt uns.«

In der Tat, liebe Gemeinde, das wäre genug, das wäre sogar mehr als genug: wenn man Gott endlich einmal zu sehen bekäme. Wohlgemerkt: ihn selbst! Und nicht einen der selbsternannten Stellvertreter Gottes auf Erden.

Darunter leidet doch jeder halbwegs fromme Christ, daß Gott sich eben nicht sehen läßt. Darunter hat schon Israel, sein erwähltes Volk, unsäglich gelitten: darunter, daß der es erwählende Gott so penetrant unsichtbar blieb; so penetrant verborgen, daß man auf den Gedanken kommen könnte, Gott sei gar nicht da, einfach nicht existent.

Selbst Mose durfte ihn gerade nur eben von hinten sehen. Und was ist das schon für eine Gottheit, die man allenfalls von hinten sieht!

Die Israel umgebenden Völker haben ihre Götter von vorn gesehen und überaus anschaulich dargestellt, um sich dann vor diesen Götterbildern anbetend niederzuwerfen. Wer die Berliner Museums-Insel besucht, dem werden noch heute einige dieser heidnischen Götterbilder eindrücklich vor Augen geführt. Die Heiden konnten sich dessen rühmen, ihre Götter mitten unter sich zu haben. Ihr Anblick gab den Menschen Stärke, Lebensmut.

In Israel aber gab es nichts zu sehen. Das erwählte Volk mußte von Anbeginn aus dem Mund seiner Feinde Hohn und Spott über seinen Glauben an jenen unsichtbaren Gott ertragen, der sich in keiner Weise ins Bild bringen lassen wollte.

Dem frommen Israeliten war denn auch zum Heulen zumute, wenn die ihre Götter so eindrucksvoll ins Bild setzenden Heiden ihm zusetzten. Ich erinnere nur an den 42. Psalm, in dem der Psalmist unter Tränen klagt: »Wann werde ich dazu kommen, daß ich Gottes Angesicht schaue? Meine Tränen sind meine Speise Tag und Nacht, weil man täglich zu mir sagt: Wo ist nun Dein Gott? … Es ist wie Mord in meinen Gebeinen, wenn mich meine Feinde schmähen und täglich zu mir sagen: Wo ist nun Dein Gott?«

Viele Jahrhunderte später hat Nietzsches »toller Mensch« diese Frage aufs Neue gestellt und mit der lapidaren Feststellung beantwortet: »Gott ist tot.«

»Gott ist tot.« Doch die Religionen leben. Und wie! Religiöse Selbstmordattentäter sind zwar alles andere als ein Gottesbeweis. Aber sie sind Beweise für die Vitalität der Religionen und des durch und durch verlogenen Fanatismus und Terrorismus, der nur zu oft in ihnen schlummert und lange Zeit auch in der christlichen Religion, ja mitten im Heiligtum seine schreckliche Fratze gezeigt hat.

Doch dagegen hilft nun wirklich nur Gott selbst. Und wenn auch wir etwas dagegen tun – und wir müssen etwas dagegen tun! –, dann will Gott selber uns dabei helfen. Denn Gott selbst ist der Gegner aller religiösen Verlogenheit und aller religiösen Teufelei. Gott selbst ist der Gegner des Teufels, von dem es im Johannes-Evangelium (8,44) heißt: »Der Teufel ist ein Mörder und Lügner von Anbeginn.« Von Anbeginn und bis zum heutigen Tag. Wer diesen Teufel austreiben will – und das sollen wir! – der braucht Gottes Hilfe, der braucht Gott selbst.

Wenn aber gegen religiös motivierte Verlogenheit und Teufelei nur Gott selbst hilft, dann spätestens wird die unwirsche Bitte des Philippus auch die unsrige: »Herr, zeige uns den Vater, und es genügt!« Wenn Gott sich sehen ließe, dann wäre der ganze schreckliche pseudoreligiöse Spuk im Nu zu Ende. Denn wenn Gott selbst erscheint, dann ereignet sich die von allem religiösen Wahn und allem religiösen Terrorismus befreiende Wahrheit. Wenn

Gott sich sehen läßt, dann klären sich selbst die verworrensten Gedanken, dann kommt es zur wahren, allen Aberglauben beendenden und deshalb wirklich befreienden Aufklärung. Deshalb die Bitte des Philippus: »Herr, zeige uns den Vater, und es genügt!«

Jesus antwortet karg, aber mit einem unüberbietbaren Anspruch: »Wer mich sieht, der sieht den Vater.« Und er fügt der kargen Antwort noch eine knappe Erklärung hinzu: »Die Worte, die ich zu Euch rede, die rede ich nicht von mir selbst aus.«

Will heißen: ich setze mich nicht selbst in Szene, inszeniere mich nicht selbst – wie Ihr alle das mehr oder weniger geschickt zu tun pflegt. Und sei es denn so, daß Ihr Eure Bescheidenheit inszeniert. Und auch das gibt Jesus seinen Jüngern zu verstehen, daß er mit dem, was er zu sagen hat, keine Selbstverwirklichung betreibt – so wie wir alle das mehr oder weniger erfolgreich zu tun versuchen. Und sei es denn so, daß wir auf nur allzu beredte Weise von uns selber schweigen. Man kann sich selbst ja auch so sehr zurücknehmen, daß man sich nun eben auf diese Weise überaus penetrant bemerkbar macht.

Jesus hingegen lebt ganz und gar von Gott her. Und er lebt ganz und gar für uns. Ja, er stirbt sogar für uns. Eine *selbstlose* Person also? Eine Person *ohne jede Ich-Stärke?* Und in dieser Person soll man den himmlischen Vater erkennen?

Dann wäre also Gott, der Allmächtige, der Schöpfer Himmels und der Erde – eine Person ohne jede Ich-Stärke?

Das kann nicht sein – murmelt da selbst der Frömmste zumindest unhörbar in sich hinein. Und das zu recht!

Nicht – disziplinierte! – Ich-Stärke, sondern eine erbärmliche Ich-Schwäche verführt Menschen dazu, den Starken zu spielen und andere zu bedrohen und sich mit ebenfalls Ich-schwachen Menschen zusammenzurotten.

Gewiß, *Selbstlosigkeit* – das klingt allemal gut. Und bei allen moralistischen Gutmenschen klingt das sogar besonders gut. Doch das Wort *Selbstlosigkeit* kann nur zu leicht mißverstanden werden: so, als wollte ein Mensch nicht er selbst sein. Indessen, die Evangelien bezeugen im Blick auf Jesus das genaue Gegenteil.

Jesus wollte er selbst sein. Er war eine Person von außerordentlicher Ich-Stärke. *Seine* Ich-Stärke bestand allerdings in dem – von den Mystikern so eindrücklich beschriebenen – Vermögen, daß das Ich seiner selbst ledig zu werden vermag. Seiner selbst ledig und also ganz und gar frei. Und in solcher Freiheit ganz *ich selbst*.

Wer so stark ist, daß er – wie die Lilien auf dem Felde – sich um sich selbst nicht mehr kümmern und sorgen muß, wer so stark ist, daß er sich selbst getrost vergessen kann, der ist wirklich frei und wird sogar von innen heraus schön, schöner noch als die Lilien auf dem Felde. Ihn adelt die Schönheit der Freiheit, in der wir zu uns selbst finden.

Wer in diesem Sinne wirklich frei und ganz er selbst ist, der wird *transparent für Gott*. Jesus war transparent für Gott. Deshalb der ebenso kühne wie selbstgewisse Satz: »Wer mich sieht, der sieht den Vater«: also den, der ganz und gar frei ist.

Ganz und gar frei – das sind wir allerdings nicht, liebe Gemeinde. Selbst über den Wolken kann die Freiheit für uns nicht grenzenlos sein. Denn ganz und gar frei – das ist allein der, der alle seine Kräfte, alle seine Fähigkeiten und alle seine Vermögen uneingeschränkt zu seiner eigenen Verfügung hat. Von uns kann man das selbst dann nicht sagen, wenn wir unsere fünf Sinne beieinander haben und auch unseres Verstandes einigermaßen mächtig sind. Denn unsere Freiheit unterliegt unzähligen Einschränkungen. Soziale Unterschiede, unterschiedliche Bildung, ja selbst unsere Gene schränken uns ein. Da sind die Einschränkungen, die das bürgerliche Gesetz uns verordnet, noch die harmlosesten und sogar die wohltuendsten. Kurz: wir unterliegen den Einschränkungen unserer Endlichkeit.

Gott aber ist so frei, daß er über seine Kräfte, Fähigkeiten und Vermögen uneingeschränkt verfügen kann. Zum Beispiel über das Vermögen, Zeit zu haben. Gott kann sich sogar unendlich viel Zeit nehmen, um uns nahe zu kommen. Und er nimmt sich unendlich viel Zeit für uns – so wie Jesus seine ganze Lebenszeit für uns aufs Spiel gesetzt hat, um uns zeitlich und ewig nahe, wohltuend nahe zu sein. Darin erweist er sich als der wahre Mensch, der zugleich der wahre Gott ist. Und deshalb kann er in aller Ruhe den verwegenen Satz wagen: »Wer mich sieht, der sieht den Vater.« Diese Gewißheit ist mehr als die Ruhe vor dem Sturm. Diese Gewißheit ist eine Ruhe mitten im Sturm.

Und wer diese ruhige und Ruhe ausströmende Gewißheit teilt, der erfährt nun eine seltsame Umkehrung der eingangs beschriebenen Möglichkeit, daß unsere Sinne von außen nach innen, ja bis in unser Herz vordringen. Denn nun mobilisiert umgekehrt unser Herz unseren Verstand und alle unsere fünf Sinne dazu, sich wieder in die nahe und weite Welt hinaus zu begeben und dort, mitten in der Endlichkeit, das *menschliche Experiment der Freiheit* zu wagen: so daß wir mitten in der Endlichkeit frei werden, sorgfältiger als bisher *hinzusehen* und die Not wahrzunehmen, die nach Hilfe schreit. Und dafür frei werden, genauer als bisher *hinzuhören* auf das, was ein Anderer uns zu sagen hat, um dann die richtigen – sei es strengen, sei es liebevollen – Worte zu finden, die der Andere braucht. Aber auch frei dazu, nicht nur »Sinn und Geschmack fürs Unendliche«, sondern auch mehr als bisher *Sinn und Geschmack für die Schönheit des Endlichen* zu haben.

Denn Gottes Ewigkeit und unsere Endlichkeit sind einander nicht Feind. Im Gegenteil: wenn *Gott* uns nahe kommt, wenn Jesus uns *Gottes wohltuender Nähe* gewiß macht, dann beginnt mitten in unserer endlichen Zeit das, was *ewiges Leben* genannt zu werden verdient.

Wenn wir dessen gewiß werden, liebe Gemeinde, dann haben wir unsere Sinne zu Ende gedacht. Und dann kann es auch in unserem irdischen Leben »stürmisch bewegt« zugehen. Denn dann umfängt uns auch im stärksten Sturm eine noch stärkere Ruhe. Amen.

Johannes 16,7.13

Liebe Gemeinde! Eine wahrhaft pfingstliche Anrede ist das: liebe Gemeinde. Denn von selbst versteht sich das ja nicht, daß ich Sie, verehrte Schwestern und Brüder, die Sie doch jeweils eine ganz besondere Person und Persönlichkeit sind, auf einen Singular, auf diesen Singular zusammenziehen darf: Doch Pfingsten macht's möglich, liebe Gemeinde.

Pfingsten? Was ist das? Ein Fest, gewiß. Doch wer oder was wird da gefeiert?

Es ist wohl das seltsamste unter den allemal seltsamen Festen des Kirchenjahres. Am Pfingstfest feiert die Christenheit den heiligen Geist und die unerhörte Wahrheit, daß er, »der fährt, wohin er will und mag«, auf uns Menschen herabgekommen ist, um in uns zu wirken: in unserem Verstand, in unserem Herzen, in unserem Fleisch und Blut. Gottes starker und freier Geist, dem niemand befehlen kann, sondern der wirklich »fährt, wohin *er* will und mag« – zu Pfingsten erwies er sich als ein uns Menschen zu Hilfe kommender Geist, der »stark macht, was daniederlag«.

Doch *wie* macht er das, *wie* wirkt Gottes heiliger Geist in uns, in unserem hellem Verstand, in unserem stolzen Herzen, in unserem auf seine Potenz und Potenzsteigerung bedachten Fleisch und Blut?

In der biblischen Sprache hat das Wort *Geist* etwas mit dem Wind zu tun, der ja ebenfalls weht, wo und wohin er will. Man kann ihn nicht fassen. Auch den Geist kann man nicht fassen. Wer vermag schon zu sagen oder gar zu definieren, was das eigentlich ist: *Geist*? Und nun gar der *heilige Geist* !

Da tut es gut, liebe Gemeinde, daß die Kirche uns einen biblischen Text vorgibt, der uns zwar auch keine schulgerechte Definition liefert, der uns aber einen Eindruck davon vermittelt, was es mit dem Pfingstfest und mit dem Pfingstgeist auf sich hat. Das Evangelium für den heutigen Pfingstsonntag steht im 16. Kapitel des Johannesevangeliums. Jesus hatte seinen Jüngern, die er gern auch seine

Freunde nennt, angekündigt, daß er sie verlassen werde, um zu seinem himmlischen Vater heimzukehren. Das hat seine Freunde und Freundinnen traurig gemacht. Es heißt ausdrücklich: »Ihr Herz war voll von Traurigkeit«. Deshalb wendet Jesus sich erneut an die Seinen und spricht:

> *Ich sage Euch die Wahrheit: es ist gut für Euch, daß ich weggehe. Denn wenn ich nicht weggehe, kommt der Beistand nicht zu Euch ... Wenn jener aber kommt, der Geist der Wahrheit, wird er Euch in alle Wahrheit führen...*

Eine seltsame Unruhe geht von diesen wenigen Sätzen aus, liebe Gemeinde. Da will, ja da muß einer gehen, damit ein anderer kommen kann. Dieses seltsame Kommen und Gehen verbreitet Unruhe, eine spannungsvolle Unruhe. Und diese spannungsvolle Unruhe bewegt und bestimmt die Christenheit, bewegt und bestimmt die christliche Kirche von Anfang an bis zum heutigen Tag. Sie müßte also auch uns bestimmen und bewegen. Grund genug, genau hinzuhören!

Von einem *Abschied* ist da die Rede, von einem bewegenden Abschied. Da geht einer weg. Und das nur deshalb, damit ein anderer kommen kann. Da entfernt sich einer aus dem Bereich des Sichtbaren: Jesus Christus. Und kommen soll ein anderer, den man nicht sehen kann: der Geist der Wahrheit.

Jesus Christus geht fort. Er, der doch gekommen war, um der hoffnungslos verirrten Menschheit einen Weg zu bahnen: einen neuen Weg, auf dem Gott zu uns und wir zu Gott gelangen können. Jesus hat auf diesem Weg Freunde und Freundinnen gewonnen, mit denen er durchs »heilige Land« zog, mit denen er aß und trank und denen er von Gott erzählte und von seinem kommenden Reich. Eine Lebensgemeinschaft war so entstanden, in der der Geist echter Freundschaft herrschte. Doch nun will er sie verlassen. Sie werden ihn nicht mehr sehen. Ein trostloser Abschied. So scheint es.

Jesus aber sagt: »Es ist gut für Euch, daß ich weggehe.« Eine seltsame Szene! Sie lieben und verehren ihn. Er aber verläßt sie und sagt auch noch: das ist gut so. Gut?

In unserem alltäglichen Leben kommt das ja eher selten vor, daß ein geliebter und verehrter Mensch von uns weggeht und zum Abschied erklärt, das sei gut für uns. Mir ist, wenn ein mir lieber Mensch für immer weggeht, eher zum Heulen zumute. Denn Menschen, die wir lieben, die wollen wir bei uns haben: so nah wie nur möglich. Ihre Nähe tut uns gut, überaus gut. Muß man dennoch von einem geliebten Menschen Abschied nehmen, dann schmerzt das. Dann merkt und erfährt man: »Scheiden tut weh.« Und wie!

Freilich nicht immer. Wenn Diktatoren abtreten, oder wenn auch nur die nörgelnde und nervende Schwiegermutter wieder abreist, wenn der nicht enden wollende Winter endlich doch dem Frühling weichen muß – ja, das ist eine ganz andere Sache. Dann gilt: »Aber Dein Scheiden macht, daß mir das Herze lacht.« Doch das alles ist, wie gesagt, eine ganz andere Sache als es der Abschied von einem geliebten oder von einem verehrten oder von einem geliebten und verehrten Menschen nun einmal ist. Jedenfalls in der Regel.

Aber auch hier gibt es Ausnahmen. Wenn zum Beispiel ein junger Mann seine große Liebe gefunden hat, wenn er, der seinen Vater und seine Mutter ehrt, ja von Herzen lieb hat, wenn er nun plötzlich in einer ganz anderen Weise noch vom Feuer der Liebe entflammt worden ist, dann tut die liebe Mutter gut daran, zwar nicht völlig abzutreten, jedoch einen zierlichen, aber deutlichen Schritt zurück zu treten. Die bisherige Liebe des Sohnes zu seiner Mutter wird an dieser markanten Distanz keinen Schaden nehmen. Ganz im Gegenteil!

Und ein guter Lehrer kennt letztlich im Blick auf seine Schülerinnen und Schüler kein höheres Ziel, als sich selber überflüssig zu machen. Ganz egal, was er unterrichtet – er mag ein guter Mathematiker oder ein guter Religionslehrer oder ein lehrreicher Komponist sein – wenn seine Schüler gelernt haben, was er ihnen beizubringen vermochte, dann ist es wirklich gut für sie, daß er sich überflüssig macht und sich von ihnen so verabschiedet, daß sie nun ihre eigenen Wege gehen können.

Ist Jesus deshalb von seinen Jüngern weggegangen, damit sie ihren eigenen Weg suchen und finden und gehen lernen? Dafür spricht manches. Doch dagegen spricht, daß er ihnen allen ja denselben Weg gebahnt hat, ihnen allen denselben Weg, nämlich den Weg des Glaubens. Auf diesem und nur auf diesem Weg kommen wir und Gott zusammen. Wenn wir ihm trauen, ihm etwas zutrauen und vor allem: wenn wir ihm von ganzem Herzen vertrauen, dann ist er schon bei uns, dann sind wir schon bei ihm. Gott etwas zutrauen und ihm von ganzem Herzen vertrauen – dazu hat Jesus die Seinen ermutigt, als er ihnen den Weg des Glaubens bahnte.

Die Seinen – dazu waren seine Mitmenschen damals im »heiligen Land«: eine kleine, begrenzte Schar. Doch Jesus wollte daß *alle* Menschen den Weg des Glaubens gehen können. Und damit der Glaube zu allen Menschen kommen kann, mußte der Mann aus Nazareth gehen und den Geist kommen lassen. Jesus wirkte im »heiligen Land«. Und das hatte Grenzen. Sein Wirken war begrenzt: auf Galiläa und Jerusalem. Dem Geist aber, »der fährt, wohin er will und mag«, ihm kann man keine Grenzen setzen. Achten wir also nunmehr auf den, dessen Kommen der Abschied nehmende Jesus angesagt hat!

Von einer *Ankunft* ist da die Rede, von einer in Bewegung setzenden Ankunft. Der heilige Geist soll kommen, den niemand sehen kann und der doch in Bewegung setzen, der »in alle Wahrheit führen« soll.

In alle Wahrheit – das heißt zunächst einmal: weit über die Grenzen des »heiligen Landes« hinaus. Jesus will nicht nur im »heiligen Land« wirken. Er will, daß allen Menschen überall in der Welt der Weg des Glaubens gebahnt wird: der Weg, auf dem Gott und Mensch zusammen kommen. Und genau das bewirkt die Kraft des grenzenlos wirkenden Geistes.

In der Kraft des grenzenlos wirkenden Geistes wendet sich Jesus Christus nun nicht mehr nur an die in Galiläa und Jerusalem um ihn Versammelten. Er wendet sich nun – der Papst in Rom wird es ihm später nachmachen – an die Stadt und dcn Erdkreis. Urbi et orbi, der Stadt und dem Erdkreis will er den neuen Weg des Glaubens bahnen, auf dem Gott uns entgegen kommt, um uns mit sich zu nehmen in sein ewiges Reich. In der Kraft seines Geistes kommt Jesus Christus aufs neue zu uns. Und nimmt uns mit – dem ewigen Leben entgegen.

Nun kann die ganze Erde »heiliges Land« werden. »Heiliges Land« – es entsteht nun überall, wo Menschen sich auf den von Jesus gebahnten Weg des Glaubens einlassen. Also auch hier, mitten in Berlin, kann »heiliges Land« entstehen. Vielleicht sogar in diesem Gottesdienst, hier im Berliner Dom – so wie überall in Gottes weiter Welt. In der Kraft des heiligen Geistes baut sich Jesus Christus überall in der Welt seine Kirche, die una sancta catholica et apostolica ecclesia.

Seltsame Kraft! Unerhörte Kraft! Stärker als alle militärische Macht. Stärker als alle wirtschaftliche Macht. Stärker als jede ideologische Macht. Was macht den Geist so stark, so grenzenlos stark?

Es ist die Stärke der Gewaltlosigkeit, liebe Gemeinde. Gewaltlosigkeit errichtet keine Grenzen. Ganz im Gegenteil: sie überwindet sie. Und das nicht nur in geistlicher, sondern auch in weltlicher, auch in politischer Hinsicht. Wen der Geist Jesu berührt, der erkennt in jedem Menschen, welcher Rasse und welcher Klasse er auch angehört, ein Kind Gottes, das es zu beschützen gilt. Wen der Geist Jesu berührt, der nimmt jeden Menschen gegen jede Art von Gewalttätigkeit in Schutz. Wer es nicht tut, der hat einen anderen Geist, der frönt dem arroganten Geist feindlicher Abgrenzung. Und der ist das Gegenteil des heiligen Geistes, der sich gewaltlos über alle Grenzen hinwegsetzt.

Seine Grenzen überwindende Gewaltlosigkeit hat viele Gestalten. Und die schönste dieser Gestalten ist zweifellos die Liebe. Deshalb betet die Pfingstgemeinde seit alters die Pfingstsequenz: »Komm heiliger Geist, komm in die Herzen Deiner Gläubigen und entzünde in uns das Feuer Deiner Liebe!«

Feuer – das ist ein Hinweis darauf, daß es zwischen Gott und uns nicht um eine harmlose Liebelei gehen kann. Feuer heißt: es brennt. Und das Brennende in der Liebe – das ist die Wahrheit. Ohne Wahrheit geht die Liebe vor die Hunde. Doch echte Liebe muß sich vor der Wahrheit nicht fürchten. Fürchten muß man sich vor dem, was uns lähmt und in Fesseln schlägt und uns geistig und geistlich unbeweglich macht. Doch die Wahrheit löst alle Fesseln und überwindet die seelischen und intellektuellen Lähmungen. Die Wahrheit mag schmerzlich sein, sie mag überaus schmerzlich sein – doch sie führt ins Freie. »Ihr werdet die Wahrheit erkennen«, hatte Jesus zu den Seinen gesagt, »und die Wahrheit wird Euch frei machen.« Etwas Wahreres kann man über die Wahrheit nicht sagen.

Das unterscheidet den Geist Jesu Christi von den vielen anderen – oft sehr bedeutenden, oft aber auch recht unheimlichen – Geistern, die unsere Welt regieren wollen: der Geist der Wahrheit führt ins Freie. Was *nicht* befreiend wirkt, ist auch nicht wahr – es mag noch so geistreich, noch so tiefsinnig, noch so faszinierend sein. Was mich in Fesseln schlägt, das hindert mich. auf dem von Jesus gebahnten Weg voranzukommen. Diesen Weg kann man nur in Freiheit gehen: wir alle denselben Weg, aber jeder denselben Weg auf seine ureigene Weise.

Ob das der Fall ist, das, liebe Gemeinde, merkt man nicht zuletzt an der eigenen Sprache. Wenn man mir meine eigene Sprache raubt, wenn man mich verführt oder gar zwingt, nur noch in vorgestanzten Worthülsen und in sprachlichen Klischees zu reden, dann ist ein anderer Geist als der befreiende Geist der Wahrheit am Werk. Das gilt für das persönliche Leben. Das gilt für das politische Leben.

Das gilt aber auch für das kirchliche Leben. Auch in unserer Kirche macht sich ja nicht selten ein Geist bemerkbar, der uns fesselt und bedrückt, aber gerade nicht ins Freie führt: ein Geist klerikaler Besserwisserei und Bevormundung. Doch das ist nicht der Geist der Wahrheit, sondern

»der Herren eigner Geist«, mit dem diese sich selber groß und andere klein machen wollen. Lassen Sie sich, liebe Schwestern und Brüder, davon nicht beeindrucken oder gar einschüchtern. Lassen Sie sich nicht klein machen! Bloß das nicht! Ein Christenmensch ist auch mitten in der Kirche ein freier Herr über alle Dinge und niemandem untertan.

Ein letztes: in alle Wahrheit führt uns der heilige Geist nicht zuletzt dadurch, daß er uns mit unseren Lebenslügen konfrontiert und uns aus ihnen heraus ins Freie führt. Was das jeweils für Lebenslügen sind, in die wir sehr persönlich und individuell, aber durchaus auch gemeinschaftlich und gesellschaftlich verstrickt sind, das muß man nicht eigens beim Namen nennen. Das weiß unter uns jeder und jede selber am besten.

Lebenslügen wollen freilich nur zu gern verdrängt werden. Und je mehr sie verdrängt werden, desto stärker beherrschen und fesseln sie uns. Doch der Geist der Wahrheit sprengt auch diese Fesseln. Haben wir also keine Angst, liebe Schwestern und Brüder, den eigenen Lebenslügen ins Auge zu sehen! Der Geist der Wahrheit steht uns bei. Und macht uns frei – so daß wir aufatmen, in Gottes Namen aufatmen und wieder durchatmen können. Und neue Kraft gewinnen: die Kraft, die man nun einmal braucht, um auf dem Weg der Freiheit voranzukommen, und zwar gemeinsam voranzukommen. Wer vom Geist der Wahrheit berührt und befreit wird, der bleibt nicht allein. Denn die Erfahrung von Freiheit führt zusammen. Sie führt so zusammen, daß echte und dauerhafte Freundschaft entsteht: Freundschaft mit Jesus Christus und Freundschaft untereinander.

Der Pfingstgeist vermittelt diese doppelte Freundschaft, an der die wahre Kirche zu erkennen ist. Und deshalb, liebe Freundinnen und Freunde, darf der Prediger Sie, die Sie doch jeder und jede für sich eine ganz besondere Person und Persönlichkeit sind, nicht nur einzeln, sondern Sie alle gemeinsam mit jenem sich dem Pfingstgeist verdankenden Singular als – ja eben als *liebe Gemeinde* anreden: Gesegnete Pfingsten, liebe Gemeinde ! Amen.

Epheser 2,11-20

Darum denkt daran, daß Ihr einst ... ohne Christus wart, ausgeschlossen vom Bürgerrecht Israels und Fremde, nicht einbezogen in die Bundesschlüsse der Verheißung, ohne Hoffnung und ohne Gott in der Welt: Atheisten. Jetzt aber, in Christus Jesus, seid Ihr, die Ihr einst weit entfernt wart, die Allernächsten. Und das durch das Blut Christi. Denn er ist unser Friede. Er hat aus den Beiden Eins gemacht und die Mauer der Feindschaft abgebrochen. Durch das Opfer seines Leibes hat er abgetan das Gesetz mit seinen Geboten und Bestimmungen, um in seiner Person aus den Beiden (bisher Entgegengesetzten) einen einzigen neuen Menschen zu schaffen und Frieden zu machen und die Beiden zu versöhnen mit Gott in einem Leib durch das Kreuz. Durch seine eigene Person hat er die Feindschaft getötet. Ist er doch gekommen und hat im Evangelium Frieden verkündigt: Frieden Euch, die Ihr fern wart, und Frieden denen, die (schon immer) nahe waren. Denn durch ihn haben wir beide in einem Geist Zugang zum Vater. So seid Ihr nun nicht mehr Fremde ohne Bürgerrecht, sondern Mitbürger der Heiligen und Gottes Hausgenossen, erbaut auf dem Fundament der Apostel und Propheten. Doch der Schlußstein ist er selbst, Jesus Christus.

Wenn Mauern fallen, wenn bisher für unüberwindbar gehaltene Mauern fallen, dann ist was los, liebe Gemeinde. Und wenn das Evangelium die Juden und Heiden trennende Mauer des Gesetzes zu Fall bringt, hinter der wir uns vor Gott verstecken zu können meinen, dann ist sogar der heilige Geist los – behauptet der Epheserbrief. Deshalb wollen wir uns in dieser Stunde darauf besinnen, wie das ist, wenn scheinbar unüberwindbare Mauern fallen und ein neuer Wind, ja ein neuer Geist zu wehen beginnt.

Doch zunächst sind ein paar *freundliche* Worte über Mauern und Grenzen angebracht. Denn es gibt auch *schützende* Mauern und *wohltuende* Grenzen. Die braucht der Mensch, die brauchen wir alle, um hinter ihnen Geborgenheit zu finden. Das sind zum Beispiel Zäune und Wände, die unser Privatleben schützen und die zu überschreiten wir auch dem Staat nicht erlauben wollen und nicht gestatten sollten.

Erlauben Sie mir eine sehr persönliche Erinnerung! Als der »real existierende Sozialismus« noch real, wenn auch nicht sozialistisch war, bekam ein dem Staatssicherheitsdienst der DDR zuarbeitender Nachbar meiner Zwillingsschwester den Auftrag, in ihrer Wohnung, in der ich bei meinen Besuchen in der alten Heimat wohnte, eine Abhöreinrichtung zu installieren. Man wollte ausspionieren, was Bruder und Schwester einander mitzuteilen hatten. Der wackere Nachbar hat diesen Auftrag jedoch trotz mehrfacher Mahnung nicht ausgeführt. Er hat die Schutzfunktion der Wohnungswände, hinter denen die Geschwister vertraulich miteinander redeten, respektiert. Das war damals. Und so soll es bleiben, auch heute.

In früheren, längst vergangenen Zeiten, versprachen die Mauern trotziger Fluchtburgen allen denen, die verfolgt wurden, Rettung und Sicherheit: Mauern, hinter denen man überleben konnte. Oft waren es auch Kirchenmauern, hinter denen die Bevölkerung Schutz suchte. Als im dreißigjährigen Krieg meine Heimatstadt Magdeburg, »unsers Herrgotts Kanzlei«, von den Truppen Tillys erstürmt und in Brand gesetzt wurde, haben über 2000 Menschen im Magdeburger Dom Schutz gesucht und haben dort überlebt.

Solche schützenden Mauern und Zäune brauchen wir: nicht nur für unser weltliches, sondern auch für unser geistliches Leben. Sie standen wohl auch Martin Luther vor Augen, als er einen alttestamentlichen Psalm in sein geliebtes Deutsch übertrug und dichtete: »Ein feste Burg ist unser Gott…« Gott als schützende Burg, hinter deren Mauern man geborgen ist! Wohl dem, dem es gelingt, sich in diese feste Burg und hinter ihre schützenden Mauern zu retten!

Doch es gibt nun eben auch ganz andere Mauern und Grenzen, die nicht schützen, sondern trennen, die auseinander reißen, was zusammen gehört, und denen wir uns nur unter Lebensgefahr nähern können; Mauern, die uns unserer Freiheit berauben. Wer gegen sie aufbegehrt, soll sich an ihnen den Kopf einrennen – so wollen es ihre Erbauer. Und nicht nur den Kopf, sondern auch den allemal auf Freiheit bedachten Geist und die allemal in weite Fernen strebende Seele und das ewig unruhige Herz, das spürt, daß es immer wieder Grenzen überschreiten muß, um zu sich selbst zu kommen. Kopf, Geist, Seele und Herz sollen durch solche Mauern gewaltsam ruhig gestellt werden. Mag man sie auch Schutzwälle nennen, in Wahrheit sollen sie die Eingemauerten einschüchtern und abschrecken. Deshalb geben sie sich den Anschein, unüberwindbar zu sein. Wer sie dennoch überwinden will, riskiert sein Leben. Hier in Berlin hat man das noch in lebendiger Erinnerung. Und so wird es auch heute in verschiedenen Weltgegenden bitter erfahren.

Wenn *solche* Mauern fallen, ja dann ist was los. Im 2. Kapitel des Epheserbriefes wird sogar die steile Behauptung gewagt, daß der Tod Jesu Christi gleich mehrere Mauern zum Einsturz gebracht hat.

Der Verfasser dieses Briefes redet hoch reflektiert und einigermaßen kompliziert, ja ausgesprochen umständlich davon. Doch mitunter findet man sogar mitten in sehr umständlichen, komplizierten und hoch reflektierten Ausführungen einige überaus einfache und elementare Wahrheiten, an denen man sich sozusagen festhalten und orientieren kann. Und das ist auch in unserem Text der Fall.

So werden die Epheser geradezu rücksichtslos daran erinnert, daß sie einst Heiden waren, ja gottlose Atheisten, fern von den Verheißungen Israels und also Fremde. Nun aber sind sie dem erwählten Volk ganz nahe, nun sind sie keine Fremden mehr, sondern Mitbürger der Heiligen und Gottes Hausgenossen: also Menschen, die unter demselben schützenden Dach nachbarlich zusammenleben. Bisher Ferne, nun aber Nahe; bisher Fremde, nun aber Hausgenossen – das mag ein Wechsel sein! Wieso dieser Wechsel und warum?

Die Antwort gibt wiederum eine sehr elementare Auskunft, nämlich: Jesus Christus hat durch seinen Tod die Feindschaft getötet. Und wo die Feindschaft beendet ist, da werden dann Mauern einfach hinfällig. Sie wirken nur noch lächerlich.

Doch bitte eins nach dem andern! Das Niederreißen einer Mauer hat keineswegs auch schon die Beendigung von Feindschaft zur Folge. Manchmal werden die Feinde sogar noch feindseliger, wenn sie sich Auge in Auge unmittelbar gegenüber stehen. Und dann wünscht man sich vielleicht sogar eine Mauer herbei, die das Schlimmste verhindert. Also: erst wenn es mit der Feindschaft ein Ende hat, erst dann werden auch Mauern und lebensgefährliche Grenzen überflüssig. Dann erst, doch dann ist in der Tat das ganze angeblich unüberwindbare Mauerwerk abbruchreif.

Wenn wir das nachvollziehen wollen, dann müssen wir allerdings wissen, was der Epheserbrief meint, wenn er von Feindschaft redet? Ja, was ist das eigentlich: Feindschaft?

Feinde – das sind Personen, die auf keinen Fall friedlich zusammen leben *wollen* und die glauben, daß sie das auch nicht *können*: friedlich zusammen leben. Doch das ist nach dem Urteil der Bibel ein durch und durch verwerflicher Wille und ein sich selbst mißverstehendes Unvermögen. Feinde verstehen sich selber nicht, wenn sie meinen, sie könnten einander nicht in die Augen sehen. Und die, wenn sie es dennoch tun, sich wünschen, daß Blicke töten könnten.

Solche Feindschaft gibt es zwischen Völkern, Staaten, aber auch zwischen politischen und ideologischen Systemen. Die Medien berichten tagtäglich davon. Deshalb mag es in dieser Stunde genügen, wenn wir nur den dringenden Wunsch äußern, daß die Politik es schaffen möge, tödliche Feindschaft wenn schon nicht in herzliche Freundschaft, so doch wenigstens in sachliche Gegnerschaft zu verwandeln. Aus sachlicher Gegnerschaft kann man etwas machen, aus Feindschaft nichts.

Doch Feindschaft gibt es auch im Kleinen. Und da kennt sie fast jeder und jede von uns aus ureigener Erfahrung.

Da gibt es die scheinbar harmlose Feindschaft mit den lieben, nein mit den eben gar nicht lieben, sondern bösen Nachbarn, von denen wir nur eben durch einen Maschendrahtzaun getrennt sind. Doch auch aus solchen scheinbar harmlosen Feindschaften können echte Tragödien entstehen. Und dann gleicht es fast einem Wunder, wenn aus bösen Nachbarn zumindest erträgliche und vielleicht sogar gute Nachbarn werden – über den Maschendrahtzaun hinweg.

Und dann gibt es die ganz und gar nicht harmlose, sondern überaus bittere Feindschaft: zum Beispiel zwischen ehemaligen Freunden, die deshalb besonders bitter ist, weil sie aus enttäuschtem Vertrauen hervorgegangen ist. Wenn Freunde zu Feinden werden, dann wird von beiden Seiten an einer Mauer gebaut, die gar nicht hoch und dick genug sein kann. Und das deshalb, weil man einander auf keinen Fall mehr begegnen will. Der Eine will den Anderen nicht mehr sehen, weil ihm schon sein Anblick unerträglich ist. Welch eine Befreiung, wenn dann der Freund von einst die Kraft gewinnt, über die selbst errichtete Mauer zu springen und die bittere Feindschaft hinter sich zu lassen! Die Bibel traut uns das zu: Mit Deinem Gott kannst Du über die Mauer springen und die bittere Feindschaft hinter Dir lassen: Yes, you can!

Der Epheserbrief kennt nun aber noch eine feindselige Mauer ganz besonderer Art. Das ist die religiöse Trennung zwischen Israel, Gottes erwähltem Volk, einerseits und den sogenannten Heiden andrerseits, die in unserem Text sogar *Atheisten* genannt werden, obwohl sie doch vor vielen Göttern die Knie beugten. Fromm waren auf ihre Weise auch sie. Doch den einen und in Wahrheit einzigen Gott, den Gott Abrahams, Isaaks und Jakobs kannten sie nicht. Deshalb galten sie in Israel als Fremde, die an den Wohltaten und Weisungen des dem Volke Gottes gegebenen

Gesetzes, der Tora, keinen Anteil haben: befremdliche Fremde, die selbst dann, wenn man sich menschlich nahe kam, den Israel geltenden Verheißungen unendlich fern blieben. Religiöse Fremdheit, die oft zu religiöser Feindschaft eskaliert.

Solche religiöse Feindschaft bricht auch heute immer wieder aus. Die mörderischen Attentate auf Juden sogar in ihrem eigenen Staat, aber auch die Anschläge auf Christen in aller Welt sind die schrecklichen Folgen solcher verheerenden religiösen Feindschaften, deren Anfänge sich oft in abschätzigen Bemerkungen oder dummen Witzen verbergen. Deshalb: wehret den Anfängen! Und glaubt an den neuen Menschen, in dem Gott selbst auf dem Plan ist und in dem die religiösen Feindschaften für immer ihr Ende finden!

Nach dem Zeugnis der Bibel entsteht nun aber nicht nur zwischen Völkern und nicht nur zwischen einzelnen Menschen Feindschaft, sondern auch zwischen uns und Gott, zwischen Himmel und Erde. Und sie ist nach biblischem Urteil der Ursprung aller Feindschaften auf Erden. Sie entsteht nicht nur bei Atheisten, sondern auch und erst recht bei durch und durch religiösen Menschen. Ja, sie entsteht auch mitten in Israel, in Gottes erwähltem Volk: nämlich immer dann, wenn man Gottes Gesetz dazu mißbraucht, sich selber vor Gott und der Welt ins Recht setzen zu wollen.

Diese Feindschaft entsteht überall da, wo sich der Mensch Gott gegenüber in jene splendid isolation begibt, in der sich alles nur noch um ihn selber dreht: eine Selbstisolierung, die die Bibel *Sünde* nennt und der auch der Frömmste verfallen kann. Wieviel Frömmigkeit dreht sich im Grunde nur um sich selbst! Da redet man in den höchsten Tönen von Gott. Doch man will sich von ihm weder fordern noch beschenken lassen. Da höre ich schließlich nur noch auf mich selbst. Und es beginnen die nicht endenden Selbstgespräche, in denen *nur ich* etwas zu sagen habe, ja in denen ich *alles* zu sagen habe. Und wenn ich *alles* zu sagen habe, dann lasse ich mir nichts mehr sagen:

von keinem Menschen und auch nicht von Gott. Und dann wird es langweilig in einem menschlichen Leben, todlangweilig. Denn dann gibt es keinen lebendigen Wortwechsel mehr, sondern allenfalls nichtssagendes Gerede, hinter dem sich im Grunde lähmendes Schweigen verbirgt. Dann kann ich zwar noch über andere lachen und sogar über Gott, aber über mich selber kann ich nicht mehr lachen. So gedeiht jene elende Einsamkeit, in der das menschliche Ich sich selber einzumauern beginnt: »Ich bin nur neben mir« – so hat der Dichter Jean Paul diesen Zustand treffend beschrieben. »Ich bin nur neben mir« – was für eine elende Selbstgewißheit!

Einspruch! Du bist Gottes Hausgenosse. So lautet der Einspruch, der zwar nicht vom Himmel herab, wohl aber vom Kreuz Jesu Christi herab ergeht und uns mit Gott wieder versöhnt.

Ein unerhörter, ein Himmel und Erde bewegender Einspruch! Warum unerhört? Warum bewegt dieser Einspruch Himmel und Erde?

Daß Menschen nicht nur miteinander, sondern sogar füreinander da sind, ja, das gibt es. Das gibt es Gott sei Dank sogar recht oft. Und sogar das gibt es, daß ein Mensch für andere sein Leben aufs Spiel setzt. Aber daß Einer für Alle, daß eine Person für alle Menschen in den Tod geht, damit alle Menschen leben, ewig leben können – das ist ein Himmel und Erde bewegender Vorgang. Denn das vermag nur der, der als der Mensch gewordene Sohn Gottes unter uns war und der in der Kraft seines heiligen Geistes auch heute noch zu uns kommt und zu uns spricht und der elenden Gewißheit widerspricht, daß nur ich neben mir bin. Im Evangelium wird dieser Widerspruch laut.

Das liebe Evangelium sagt es jeder und jedem von uns: Gott ist neben Dir. Und er will mit Dir zusammen leben. Und Du kannst mit ihm zusammen leben, jetzt und in Ewigkeit. Auch der Sündigste unter uns Sündern hat nun Zugang zum himmlischen Vater und darf sich ihm anvertrauen – so als lebten wir im selben Haus, unter einem gemeinsamen Dach. Und sich Gott anvertrauen – das heißt:

mit ihm reden. Wir müssen vor Gott nicht mehr betreten schweigen. Und Hölderlins kühne Behauptung wird wahr, daß »ein Gespräch wir sind«. Selbst wenn uns die rechten Worte zunächst noch fehlen und wir nur erst zu stammeln vermögen: Gott hört uns auch dann. Und hört uns zu. Keine Mauer kann das mehr verhindern. Denn die Mauer der Feindschaft ist abgebrochen, unwiderruflich.

Und deshalb sind auch all jene Mauern auf Erden abbruchreif, die uns nicht schützen, sondern uns unserer Freiheit berauben wollen. Weg damit! Und wenn es beim ersten Versuch noch nicht klappt, dann fangt wenigstens damit an, Euch über die Mauer hinweg oder durch sie hindurch miteinander zu verständigen. Selbst wenn es zunächst nur eben Klopfzeichen sind, mit denen wir Kontakt zu denen auf der anderen Seite aufnehmen: auch solche Klopfzeichen tragen letztendlich zum Mauersturz bei.

Summa: Feindschaften brechen in sich zusammen, wenn Menschen sich über Mauern hinweg – und seien sie noch so hoch – oder durch Mauern hindurch – und seien sie noch so dick – zu verständigen beginnen. Dann wiederholen wir in unserer Welt auf sehr menschliche Weise, was Gott in unserer Welt auf seine göttliche Weise, was er in der Person Jesu Christi ein für allemal vollbracht hat: nämlich Wege zum anderen Menschen zu bahnen: Wege, auf denen der Eine dem Anderen Frieden zuspricht und für diesen Frieden dann auch einsteht. Friede sei mit Dir, Friede sei mit Euch. So hat einst der Auferstandene die Seinen gegrüßt. Und so grüßt der von den Toten auferstandene Jesus Christus auch uns. Er spricht uns Frieden zu. Und er steht dafür ein.

Wenn wir nun auch uns gegenseitig Frieden zusprechen und für ihn einstehen, dann sind wir wahrhaftig Gottes Ebenbilder. Und die Menschheit fängt an, sich zu erneuern. Und ich – ich kann sogar wieder über mich selber lachen. Amen.

1. Petrus 1,3-12

Gepriesen sei der Gott und Vater unseres Herrn Jesus Christus, der uns nach seiner großen Barmherzigkeit wiedergeboren hat zu einer lebendigen Hoffnung durch die Auferstehung Jesu Christi von den Toten zu einem unvergänglichen und unbefleckten und unverwelklichen Erbe, das aufbewahrt wird im Himmel für Euch, die Ihr mit der Kraft Gottes durch den Glauben behütet werdet zum Heil, das bereit liegt, offenbart zu werden am Ende der Zeit. Darüber seid Ihr herzlich froh, wenn Ihr auch für kurze Zeit jetzt traurig sein müßt in mancherlei Anfechtungen, damit Euer Glaube als echt erfunden werde, viel kostbarer noch als das vergängliche, durchs Feuer geläuterte Gold, zu Lob, Herrlichkeit und Ehre bei der Offenbarung Jesu Christi, den Ihr, ohne ihn zu sehen, liebt; an den Ihr, ohne ihn jetzt zu schauen, glaubt; Ihr werdet Euch aber freuen mit unsagbarer und von himmlischer Herrlichkeit erfüllter Freude, wenn Ihr das Ziel Eures Glaubens erlangt: das Heil Eures Lebens.
Nach diesem Heil haben gesucht und geforscht die Propheten, die die Euch geschenkte Gnade prophezeit haben. Sie haben geforscht, auf wen und auf welche Zeit der Geist Christi, [der] in ihnen [wirkte], hindeutete, als er die über Christus kommenden Leiden und die ihnen folgende Herrlichkeit zuvor bezeugt hat. Ihnen ist offenbar geworden, daß sie nicht sich selbst, sondern Euch dienten mit dem, was Euch nun verkündigt wurde durch die, die Euch das Evangelium brachten im heiligen Geist, der vom Himmel gesandt wurde. [Die] Engel sehnen sich danach, wenigstens einen Blick darauf werfen zu dürfen.

Von den Engeln beneidet, liebe Hausgemeinde, von dem ganzen Heer der himmlischen Heerscharen echt beneidet – das sind wir.

Wer sind wir, daß wir sogar von den Engeln beneidet werden? Unser Text, ein Ostertext sondergleichen, macht es uns nicht gerade leicht, den Gedankengang nachzuvollziehen, an dessen Ende diese österliche Botschaft steht: die Botschaft, daß selbst die Engel hinter uns zurückstehen. Der so überaus erfreuliche Text ist ja zugleich überaus kompliziert. Ein Hochstapler, der behaupten wollte, er hätte beim ersten Anhören alles verstanden!

Immerhin, soviel ist klar: am Anfang – Gott, am Ende – die Engel und mittendrin – wir. Der Rühmung Gottes am Anfang folgt am Ende unseres Textes die Herabsetzung der Engel. Und mittendrin – wir.

Doch obwohl wir uns da im Mittelpunkt oder gar als Mittelpunkt wiederfinden, haben wir gleichwohl einige Mühe, durch diese österliche Botschaft hindurch zu finden. Am Ende dieses Textes angekommen, scheint der Unterschied zwischen uns und den Engeln nicht mehr so groß zu sein. Denn so wie die Engel in die Geheimnisse des göttlichen Heilsplans Einblick zu nehmen begehren, so möchte wohl auch der am Ende unseres Textes Angekommene einen Durchblick durch das gewinnen, was er da lesend oder hörend durchschritten hat.

Durchschritten? Hindurch gestolpert – dürfte wohl eher zutreffen. Und worüber wir dabei vor allem stolpern, das sind wiederum – wir.

Gut zu wissen, liebe Stiftlerinnen und Stiftler, am Anfang eines neuen Semesters ganz besonders gut zu wissen: daß wir stolzen, selbstbewußten und so gern im Mittelpunkt stehenden Menschen immer wieder auch Stolpernde sind. Und daß wir, wenn wir stolpern, in der Regel über uns selber stolpern. Unser Predigttext führt uns das, ohne es eigentlich zu wollen, eindrücklich vor Augen.

Gerühmt sei Gott – so fängt es an. Ein Lobpreis Gottes kündigt sich an. Doch was dann kommt, ist eine geballte Ladung Theologie, sieht ihr jedenfalls teuflisch ähnlich. Bedeutungsschwere religiöse Ausdrücke, die später zu dogmatischen Zentralbegriffen avancieren sollten, drängen sich in schneller Folge. Die Rühmung Gottes droht in theologische Reflexion auszuarten. Und wer oder was ist das, was theologische Reflexion überhaupt notwendig macht und damit der Rühmung Gottes sozusagen ins Wort fällt? Das sind wiederum wir: wir, die wir doch eigentlich unsere Bestimmung erfüllt, unseren Zweck erreicht, unseren Sinn gefunden hätten, wenn wir nur eben dies täten: Gott zu rühmen.

Aber das tun die Engel auch. Und doch gelüstet es sie, in die Geheimnisse Einblick zu gewinnen, die zwischen uns und Gott spielen. Also muß es etwas Besonderes mit uns auf sich haben – auch dann, wenn wir über uns stolpern.

Und das tun wir nur zu oft. Das tun wir auch in diesem österlichen Text, der eigentlich nichts anderes als eine Rühmung Gottes sein will. Denn mitten im Satz – Sie werden es bemerkt haben –, mitten im Satz kommt es zu einem regelrechten Stilbruch: *»Gelobt sei Gott, … der uns wiedergeboren hat … zu einem … Erbe, das aufbewahrt wird … für Euch, die Ihr …«* Der Lobpreis Gottes schlägt um in eine seelsorgerliche Anrede der Christen.

Und das grenzt zumindest protokollarisch an einen Skandal. Schon unter Menschen wäre das ja eine grobe Unhöflichkeit, wenn man, indem man eine ganz bestimmte Person rühmt, dabei zugleich mit anderen redet. Um wieviel mehr droht ein solches Verhalten die göttliche Majestät zu verletzen. Kann man Gott rühmen und im gleichen Atemzug seelsorgerliche Gespräche führen?

Die Engel können das zweifellos nicht. Sie sind zur himmlischen Rühmung Gottes bestellt, zur Rühmung Gottes von Ewigkeit zu Ewigkeit, und werden allenfalls von Zeit zu Zeit in den irdischen Wirklichkeitszusammenhang abkommandiert, um diesen elementar zu unterbrechen und so der Herrlichkeit Gottes in unserer gottlosen Wirklichkeit Raum einzuräumen. Aber wenn sie rühmen, dann rühmen sie. Sie halten es wie Theresa von Avila, die ihren Schwestern gesagt haben soll: wenn Fasten, dann Fasten, wenn Rebhuhn, dann Rebhuhn. Wenn die Engel Gott rühmen, dann rühmen sie, und sonst nichts. Und darin sind sie liturgisch vorbildlich.

Alles andere als liturgisch vorbildlich ist hingegen der Verfasser des ersten Petrusbriefes. Als würde man mitten in der Gott lobpreisenden Praefatio der Abendmahlsfeier zu einer Predigt ansetzen, als würde man just da, wo das *»Recht ist es und wahrhaft würdig, Dir Allmächtiger Dank zu sagen«* zu Gott emporsteigt, plötzlich *»Liebe Gemeinde«* sagen – so wendet sich der Verfasser dieses Briefes inmitten der Rühmung Gottes plötzlich an uns: *für Euch* sagt er, *für Euch* ist das alles geschehen, was dem Allmächtigen Lob und Dank zu sagen Anlaß und Grund ist.

Für Euch – damit ist summarisch und in elementarer Kürze dasselbe gesagt, was die theologischen Begriffe dann im einzelnen entfalten. Für Euch ist ein unvergängliches Erbe im Himmel deponiert, für Euch liegt das Heil bereit bis zu seiner Offenbarung am Ende der Zeit. Ja, für Euch haben schon die Propheten geweissagt. Von Anfang an also und bis an das Ende der Zeit – alles für Euch.

Für uns also. Warum wird uns das in diesem Text geradezu eingehämmert? Warum werden wir so ungeniert zum Mittelpunkt der ganzen Heilsgeschichte erklärt, daß jeder, der das auch nur einigermaßen ernst nimmt, eigentlich vor Verlegenheit einen knallroten Kopf bekommen müßte?

Die Antwort sind abermals wir selbst. Wir, die wir an uns so gar nichts davon wahrnehmen können, daß wir Erben eines ewigen Reichtums sind und daß unser Leben einmal unzerstörbar, heil und ganz sein soll. Man muß ja nicht eigens um seines Glaubens willen verfolgt werden, man muß nicht unbedingt in dramatische Anfechtungen verstrickt werden – die schlichte Frage, warum denn alles, woran wir glauben, so überaus verborgen ist, reicht, um auch das heiterste Gemüt mehr oder weniger traurig zu stimmen. Wenn das Heil unseres Lebens, wenn das ewige Leben, wenn alles schon da ist, warum ist es nicht hier? Und Jesus Christus, dem wir das alles verdanken, warum läßt er sich nicht sehen? Ja, wir glauben an ihn, den von den Toten auferstandenen Herrn, und wir lieben ihn. Aber den, den man liebt, nicht sehen zu können – das schmerzt. Das schmerzt bitterlich.

Um diesen bitteren Schmerz ertragen zu können, um zu seiner Verarbeitung anzuleiten – deshalb und dazu hat der Verfasser des ersten Petrusbriefes seinen Lobpreis Gottes in eine Art Predigt umfunktioniert und diese Predigt auch noch mit einer geballten Ladung Theologie unterfüttert. Denn Theologie, liebe Stiftlerinnen und Stiftler, ist nicht zuletzt deshalb nötig, weil wir geistliche Schmerzen zu ertragen und zu verarbeiten haben. Theologie ist immer auch Schmerzverarbeitung. Und in diesem Sinne bleibt der alte und viel gequälte Mönchsspruch weiß Gott wahr: tentatio facit theologum, die Anfechtung macht den Theologen zum Theologen.

Es ist freilich ein sehr besonderer Schmerz, den der Glaube zu ertragen und zu verarbeiten hat. Er gleicht dem Schmerz der Liebenden. Und der hat seine Eigenart darin, daß er an der Freude der Liebe entsteht und daß er diese Freude nicht auszulöschen vermag. Ach, das wäre ein harmloser, ein beinahe wohltätiger Schmerz, der die Freude vernichtete und freudlos für sich selber spräche. Dann wäre auch die Liebe schnell dahin. Doch der ernste Liebesschmerz löscht die Freude der Liebe nie aus. Und er ist gerade deshalb so überaus schmerzlich, weil er die Freude der Liebe neben sich hat. Deshalb verweist unser Text gleich mehrfach auf die Freude, die das unausrottbare Merkmal, die sozusagen der character indelebilis des Osterglaubens ist.

Und mit dieser Freude, an der der Schmerz des Glaubens allererst entsteht, kann er auch wirklich verarbeitet werden. Freude aber entsteht da, wo einem etwas zugewendet wird. Und sie entsteht erst recht da, wo sich uns eine Person zuwendet.

Im eucharistischen Mahl ist das der Fall. Da wendet sich uns in der Person Jesu Christi Gott selber zu. Im Abendmahl schwindet die Diskrepanz zwischen dem ewigen, aber noch unsichtbaren Heil und unserer so gar nicht heilsverdächtigen Selbstwahrnehmung. Auf dem Tisch des Herrn ist alles, was für uns im Himmel da ist, so da, daß man schmecken und sehen kann, wie freundlich der Herr ist.

Hier, im eucharistischen Mahl, hat die Freude der Christen ihren Sitz im Leben. Denn hier ereignet sich die intimste Gemeinschaft zwischen Gott und uns: nicht zwischen Gott und den Engeln, sondern wirklich zwischen Gott und uns so ganz und gar unvollkommenen Menschen.

Deshalb: mögen wir in diesem Leben auch noch so oft über uns selber stolpern, mögen wir selbst auf dem Weg zum Tisch des Herrn noch über uns selber stolpern: in dem Augenblick, in dem wir seine Gegenwart genießen, stolpern wir immerhin in seine Arme.

Und davon, liebe Brüder und Schwestern, wissen die Engel nichts. Sie stolpern ja nie und also auch niemals über sich selbst und deshalb auch niemals in Gottes Arme. Die Engel rühmen die göttliche Majestät von Ewigkeit zu Ewigkeit. Und das ist der göttlichen Majestät angemessen, ist wahrhaft würdig und recht.

Aber von stolpernden, von über sich selbst stolpernden Menschen angerufen und gerühmt zu werden – das geht der göttlichen Majestät zu Herzen, so sehr zu Herzen, daß aus dem majestätischen König und Herrn der liebe Gott wird. Und diese drei Worte – der liebe Gott – wolle nur niemand harmlos verstehen. Denn der liebe Gott, das ist ein Gott der zu lieben versteht: nicht nur wie ein Vater, auch nicht nur wie eine Mutter, sondern – ja sagen wir ungeniert: wie ein leidenschaftlich Verliebter.

Das, liebe Stiftsgemeinde, ist es, wovon die Engel nichts, aber auch gar nichts wissen. Deshalb ist ihnen das herrlichste aller Geheimnisse Gottes verborgen: nämlich Gottes leidenschaftliche Freude daran, mit uns in jeder Hinsicht problematischen Geschöpfen so eng zusammen zu sein, wie es zwei Menschen sind, die sich in den Armen liegen. Ja, das haben wir den Engeln für immer voraus. Und dafür dürfen sie uns weiß Gott wenigstens für einen Augenblick beneiden. Und dann mögen sie aufs neue Gott rühmen von Ewigkeit zu Ewigkeit. Amen.

Offenbarung des Johannes 21,1-4

Ich sah einen neuen Himmel und eine neue Erde; denn der erste Himmel und die erste Erde sind vergangen. Und das Meer ist nicht mehr. Und ich sah die heilige Stadt, das neue Jerusalem, von Gott aus dem Himmel herabkommen, bereitet wie eine geschmückte Braut für ihren Mann. Und ich hörte eine mächtige Stimme von dem Throne her, die sprach: Siehe, die Hütte Gottes bei den Menschen! Und er wird bei ihnen wohnen, und sie werden sein Volk sein, und Gott selbst wird bei ihnen sein. Und Gott wird abwischen alle Tränen von ihren Augen. Und der Tod wird nicht mehr sein noch Leid noch Geschrei noch Schmerz wird mehr sein. Denn das Alte ist vergangen.

Eia, wär'n wir da, liebe Gemeinde! Da, wo keine bitteren Tränen mehr fließen müssen. Da, wo alles, was uns bedroht, peinigt und terrorisiert, nicht mehr anzutreffen sein wird. Da, wo all' das, wovor wir uns fürchten, und dem wir, wenn wir nur könnten, für immer entfliehen möchten, nicht mehr vorkommen wird. Eia, wär'n wir da!

Eine Reihe von Verneinungen, von überaus *wohltuenden* Verneinungen charakterisiert diese seltsame Gegend, dieses überaus seltsame Land, in dem mir kein Leid mehr angetan werden soll, und auch ich niemandem mehr ein Leid zufügen werde – weder mit Worten noch mit Taten, ja nicht einmal in Gedanken. Auch die übrige, die nichtmenschliche Kreatur soll dann vor uns sicher sein. Und wir vor ihr. Keine Schreie von gequälten, vergewaltigten und gefolterten Geschöpfen werden dann mehr zu hören sein. Denn es wird nicht mehr gequält, vergewaltigt und gefoltert werden. Keine Opfer terroristischer Anschläge werden mehr zu beklagen sein. Und auch die Naturgewalten, die rohen und die durch Technik scheinbar gebändigten Naturgewalten, werden keinen Menschen mehr bedrohen. Denn auch das Meer, behauptet der apokalyptische Seher, auch das Meer wird nicht mehr sein.

Warum ausgerechnet kein Meer mehr? Das bedarf der Erklärung. Für die biblische Überlieferung war das Meer der Inbegriff der das kreatürliche Leben bedrohenden Chaosmächte. Die Menschen der Bibel kannten die verheerende Gewalt eines Tsunami aus eigener Erfahrung. Deshalb war für sie der Satz: »das Meer wird nicht mehr sein« ein Satz voller Verheißung. Danach sehnte man sich: danach, daß das chaotisch tobende Wasser nie wieder über bebautes und kultiviertes Land herfällt und dann ein Tohuwabohu anrichtet, das an den Uranfang, an den Schöpfungsbeginn erinnert, als Erde und Festland noch nicht geschieden waren und das Chaos die Erde bedrohte. Nein, das soll nicht mehr sein, nie wieder!

Und vor allem: keine Leichen mehr! Denn auch der Tod, diese peinlichste aller uns gesetzten Grenzen, wird nicht mehr sein. Will heißen: der Mensch wird dann wirklich frei sein. Denn solange wir sterben müssen, bleiben am Menschen Züge der Knechtschaft. Erst wenn der Tod nicht mehr über uns herrschen wird, werden wir wahrhaft frei und also wirklich Gottes Ebenbilder sein. Denn wer verdient uneingeschränkt frei genannt zu werden, wenn nicht Gott?

Und Gott – der *ist* nicht nur frei, er *macht* auch frei. Schon jetzt ist er als hilfreicher Befreier am Werk und befreit uns: zum Beispiel aus den Lebenslügen, in die wir uns verstrickt haben und die nur zu leicht unser ganzes Leben in unlösbar erscheinende Fesseln zu schlagen drohen. Und so befreit er uns, ebenfalls schon jetzt, auch von der Schuld, die wir auf uns geladen haben und die uns nicht nur drückt, sondern niederdrückt: so niederdrückt, daß uns der aufrechte Gang abhanden zu kommen droht; so niederdrückt, daß der ehrliche Blick, Auge in Auge, immer schwieriger und seltener wird. Gott will uns schon jetzt von derart drückender Schuld befreien. Schon jetzt und dann erst recht. Denn der freie Gott will freie Menschen haben. Und deshalb verheißt schon das Alte Testament und ebenso der Seher der Johannesapokalypse als letzte der befreienden Taten Gottes die Vernichtung des Todes: kein Leid, kein Geschrei, kein Schmerz, kein Tod und eben deshalb auch keine bitteren Tränen mehr.

Ein Land voller Verneinungen also, aber eben voller begehrenswerter und erstrebenswerter Verneinungen. Via negationis, *auf dem Weg der Verneinung* wird hier vor Augen gemalt, was wir aus tiefstem Herzen *bejahen*: ein Leben, zu dem man uneingeschränkt und aus vollem Herzen *Ja* sagen kann.

Seit Menschengedenken haben Dichter und Denker immer wieder solche Gegenwelten entworfen und uns eine Welt vor Augen gemalt, in der unser Leben von nichts und niemandem mehr bedroht und die Menschlichkeit des Menschen von niemandem mehr entstellt wird.

Was ist das für eine seltsame Welt, was für ein überaus seltsames Land, in dem noch keiner von uns war und nach dem sich der Mensch doch seit Menschengedenken sehnt? Schlaraffenland? Oder »Orplid, mein Land, das ferne leuchtet«? Oder Utopia, Niemandsland, »kein Ort, nirgends«?

Auf jeden Fall ist es ein Land, dem gegenüber unsere gegenwärtige Erde ganz schön alt aussieht: eine Welt, der gegenüber Gottes erste Schöpfung sich wie ein Fehlstart ausnimmt, wie ein mißglückter Versuch eines reichlich ungeschickten Schöpfers. Die biblische Vision ist also – wie alle Visionen – recht gewagt. Die Sehnsucht nach einem neuen Himmel und einer neuen Erde droht die bestehende Schöpfung, in der wir leben, in Mißkredit zu bringen. Und es ist ja wahrhaftig nicht ungefährlich, wenn man solche apokalyptischen Zukunftsbilder entwirft. Nicht nur, daß das ganze Gemälde in religiösen Kitsch abzugleiten droht! Man gerät sogar unversehens in die Nähe der Gotteslästerung, wenn man die bestehende Schöpfung so alt aussehen läßt, daß man sie möglichst schnell hinter sich zu bringen verlangt. Ihren Schöpfer kann man dann getrost vergessen. Er ist dann eigentlich keiner Erwähnung wert, dieser Schöpfer des alten Himmels und der alten Erde.

Ja, liebe Gemeinde, apokalyptische Sehnsüchte sind gefährliche Sehnsüchte. Man ist, wenn man sich in der Sehnsucht nach dem neuen Himmel und nach der neuen Erde verzehrt, nur zu leicht in der Gefahr, die soliden, die bewährten und nicht selten ja auch herrlichen Seiten des gegenwärtigen Lebens gering zu schätzen und über sie in hochmütiger Frömmigkeit achtlos hinweg zu sehen und undankbar hinweg zu gehen. Wo das geschieht, da beginnt die apokalyptische Schwärmerei, vor der nicht nur Martin Luther die Christenheit nachdrücklich gewarnt hat.

Und dennoch: Das müßte ein grober Klotz, das müßte ein ganz und gar unsensibles Subjekt, das müßte ein überaus hartherziger Mensch sein, der sich nicht nach einem anderen, einem besseren Leben sehnt. Und der so tut, als sei mit unserem Leben und in unserem Leben alles in bester Ordnung, alles in Butter, alles o.k. – obwohl doch schon ein vorübergehender Zahnschmerz uns aus der Fassung bringen kann.

Nein, wir leben noch nicht in einer Welt, in der alles in bester Ordnung ist. »Die Verhältnisse, die sind nicht so.« Und wir selbst, wir sind auch nicht so, daß wir uns nicht nach einem besseren Leben und nach anderen Lebensverhältnissen zu sehnen brauchten. *Deshalb* haben die biblischen Autoren sogar die Nähe zur Gotteslästerung in Kauf genommen, als sie eine kommende neue Welt ansagten, in der nichts mehr veraltet.

Der Seher, der sich in unserem Text zu Worte meldet, ist sich jedoch dessen gewiß, Gott auf seiner Seite zu haben, ja sogar vom Geiste Gottes ergriffen zu sein (Apk. 1,10), wenn er beim Namen nennt, was in der alten Welt verneint und abgeschafft zu werden verdient: nämlich all' das, was dem Zusammenleben von Gott und Mensch und dem Zusammenleben von Mensch und Mensch hinderlich ist. Dem gelingenden Zusammenleben gilt denn auch das Bild, das uns der Visionär Gottes vor Augen malt.

Was er sieht, das ist so etwas wie eine große Annäherung. Kommt da doch das neue Jerusalem aus dem Himmel auf die Erde herab und nähert sich der Menschheit wie eine zur Hochzeit geschmückte Braut ihrem Bräutigam. Bräutigam und Braut – die kommen sich nahe wie sonst nichts in der Welt. Das aus dem Himmel auf die Erde herabkommende neue Jerusalem – das ist ein Bild für Gottes unwiderrufliche Nähe. Er, der uns oft so unerträglich fern zu sein scheint und verborgen, er wird dann – wie in einer Stadt – dicht bei den Menschen wohnen: nicht mehr verborgen, nicht mehr verhüllt, sondern so, daß man ihm von Angesicht zu Angesicht begegnen kann. Welch eine Nachbarschaft! Welch eine Annäherung! Da kommt nun wirklich zusammen, was zusammen gehört: der ewigreiche Gott und wir armen Menschen mit unserem ganzen Elend.

Es klingt ungewöhnlich, liebe Gemeinde. Doch das gehört wirklich zusammen: Gottes Reichtum und unser zumeist selbstverschuldetes Elend. Reich – das hat hier freilich mit Geld und Gold nichts zu tun. Wenn wir Gott den Ewigreichen nennen, dann deshalb, weil sein Leben ein *beziehungsreiches* Leben ist. Und das ist nun das genaue Gegenteil des Todes. Denn im Tod enden alle meine Beziehungen: die Beziehung zu meiner Welt, die Beziehung zu meinen Mitmenschen und auch meine Beziehung zu mir selbst. Tod – das ist der Eintritt vollkommener Beziehungslosigkeit. Doch dem beziehungsreichen Leben Gottes, dem ist der Tod nicht gewachsen.

Warum nicht? Was macht das Leben Gottes so stark, so beziehungsreich, daß der Tod an ihm scheitern muß?

Die Antwort ist einfach, liebe Gemeinde: einfach aber folgenreich. Im Grunde kennt sie jeder von uns. Denn jeder Mensch weiß, daß es *die Liebe* ist, die ein Leben reich macht, und daß es keine stärkere Beziehung gibt als eine Liebesbeziehung. Liebend wird selbst der Schwächste stark. Und wenn er dann seinerseits *geliebt* wird, dann, ja dann hat der Himmel die Erde berührt.

Und wenn das schon von der Liebe zwischen zwei Menschen gilt, um wie viel mehr gilt es dann von der großen Annäherung Gottes an uns! Es ist seine Liebe, die Gottes Leben so beziehungsreich macht, daß es sogar mitten im Tode neue Beziehungen schafft. Ja, Gott schafft das. Er schafft Leben aus dem Tode: Auferweckung zum ewigen Leben. Deshalb – und nicht aus irgendwelchen sentimentalen Gründen – heißt der Allmächtige zu recht *der liebe Gott*.

Der liebe Gott – er steht gut dafür, daß auch unser Leben nicht in der Beziehungslosigkeit des Todes endet. Der liebe Gott – er steht gut dafür, daß sein Reich kommen wird und daß es ein Reich sein wird, in dem der Tod nicht mehr sein wird noch Leid noch Geschrei noch Schmerz. Und deshalb gehören alle die auf seine Seite, die schon jetzt gegen einen unzeitigen Tod, gegen vermeidbares Leid, gegen unzumutbare Schmerzen das ihnen Mögliche tun. Wer gegen die Mächte des Verderbens tätig wird, wo immer er kann, der ist ein Mitarbeiter Gottes, der leistet, wie man früher zu sagen pflegte, Reich-Gottes-Arbeit.

Der *Einzug* in das kommende Reich Gottes nimmt sich freilich, wenn unser Visionär Recht behält, eher bescheiden aus. Die christliche Kunst hat diesen Einzug zwar nur zu gern recht triumphal dargestellt: die Patriarchen vorneweg, gefolgt vom König David, von den Propheten und Aposteln und allen Heiligen. Überaus stattlich anzusehen! Und die fromme Phantasie stellt sich das immer wieder ganz ähnlich vor: nämlich wie einen Triumphmarsch, zu dem die Musik aus Verdis Aida nur allzu gut passen würde.

Unser Text malt ein anderes Bild. »When the saints go marching in« – dann wird man da nicht strahlende Überwinder oder stolze Glaubensheroen sehen, sondern *weinende* Menschen. Denn wenn zu der kommenden Annährung von Himmel und Erde auch dies gehört, daß Gott alle Tränen abwischen wird, dann sind seine Heiligen offensichtlich tränenüberströmte Menschen. Heulende Heilige erreichen das Ziel. Eine ungewohnte Vorstellung, gewiß! Aber ungemein tröstlich! Denn in diesen weinenden Menschen dürfen auch wir uns wiedererkennen.

Schon das ist ja ungemein tröstlich, daß man seine Tränen nicht unterdrücken oder schleunigst entfernen muß, wenn die göttliche Majestät uns nahe kommt. Einer irdischen Majestät, der Queen zum Beispiel, heulend entgegenzutreten, verbietet das Protokoll. That's not done. Irdische Majestäten verlangen Abstand. Die Queen wohnt denn auch in einem abgeschirmten Palast. Der Papst übrigens auch. Das verlangt das Protokoll. Und das ist sicherlich gut so. Doch das neue Jerusalem kennt kein solches Protokoll. Gott sei Dank nicht. Unser Visionär sieht die göttliche Majestät denn auch mitten unter den Menschen: »Siehe, die Hütte Gottes bei den Menschen!« Und da wischt er den zu ihm Kommenden, diesen heulenden Heiligen, sogar die Tränen von den Augen.

Uns hat man den ungenierten Tränenfluß allenfalls in unseren Kindertagen zugestanden. Wenn der kleine Mensch körperliche Schmerzen hat, dann darf er weinen. Und wenn gar die Seele des kleinen Menschen leidet, wenn sie zum Beispiel unter dem eisigen Schweigen leidet, mit dem die Mutter, der Vater oder der Onkel auf irgendeine Missetat reagiert, dann hat das über seine Einsamkeit bitterlich weinende Kind wohl noch immer das eisige Schweigen des geliebten Menschen zu brechen vermocht. Wenn dann der zuvor so eisig schweigende Mensch wieder zu reden beginnt, freundlich und tröstlich, dann sind es schon die liebevollen Worte, die die Tränen trocknen lassen. Und wenn gar noch eine liebevolle Hand dabei behilflich ist, dann zieht Frieden ein in die Seele des kleinen Menschen, der nun nicht mehr sich selbst überlassen, nicht mehr unendlich einsam ist und nicht mehr weinen muß. Kindheitstage!

Doch als wir älter wurden, hat man uns das Weinen abzugewöhnen versucht. Und wenn uns Erwachsenen doch einmal die Tränen kamen, dann haben wir sie uns mehr oder weniger verstohlen selber abwischen müssen. Wie im alten Preußen, wo selbst der Soldatenbraut das Weinen abgewöhnt wurde: »Ach Luise«, sang man damals, »wisch die Tränen ab vom Gesicht, denn jede Kugel die trifft ja nicht…«

Da ist die Bibel, da ist der vom Geiste Gottes ergriffene Visionär aus der Johannes-Apokalypse doch sehr viel menschlicher! Er ruft uns zu, nein, durch ihn ruft uns Gott selber zu: Schämt Euch Eurer Tränen nicht! Sie verraten, daß Ihr Menschen seid, daß Ihr menschliche Menschen seid. Mit Euren Tränen meldet Ihr Euer Recht auf Zukunft an. Solange Ihr noch weinen könnt, könnt ihr auch getröstet werden.

Deshalb hat der liebe Gott uns mit dem wunderbaren Vermögen ausgestattet, Tränen vergießen zu können. So menschlich ist der allmächtige Gott. Und wenn er unter einem neuen Himmel auf einer neuen Erde alle bitterlich geweinten Tränen abwischen wird, dann – ja dann sind ganz andere Tränen an der Zeit. Dann sind *Freudentränen* am Platz: Freudentränen über einen menschlichen Gott, der bei menschlichen Menschen wohnen will: nicht in einem Distanz gebietenden Palast, sondern nachbarlich, wie ein Freund unter Freunden. Dann. Eia, wär'n wir da!

Doch noch sind wir hier, liebe Gemeinde, mitten in der endlichen Welt. Und weglaufen gilt nicht. Und ist ja auch gar nicht nötig. Will Gott doch schon jetzt *unser Freund* sein. Und bleiben. Und wie ein Freund mit uns reden: heute, morgen und in alle Ewigkeit. Amen.

EG 75: »Ehre sei dir, Christe«

Ehre sei dir, Christe, der du littest Not, an dem Stamm des Kreuzes für uns bittern Tod, herrschest mit dem Vater in der Ewigkeit: hilf uns armen Sündern zu der Seligkeit.
Kyrie eleison, Christe eleison, Kyrie eleison.

Wäre nicht gekommen Christus in die Welt und hätt angenommen unser arm Gestalt und für unsre Sünde gestorben williglich, so hätten wir müssen verdammt sein ewiglich.
Kyrie eleison, Christe eleison, Kyrie eleison.

Darum wolln wir loben, danken allezeit dem Vater und Sohne und dem Heilgen Geist; bitten, daß sie wollen behüten uns hinfort, und daß wir stets bleiben bei seinem heilgen Wort.
Kyrie eleison, Christe eleison, Kyrie eleison.

Irgend etwas stimmt hier nicht, liebe Domgemeinde! Irgend etwas stimmt zumindest mit uns nicht. Doch zunächst einmal:

Gnade sei mit Euch und Friede von Gott, unserem Vater, und unserem Herrn Jesus Christus. Amen.

Nein, auch das Amen des Kanzelgrußes kann nicht darüber hinwegtäuschen, daß hier etwas nicht stimmt, daß zumindest mit uns etwas nicht stimmt. *Ehre sei Dir, Christe, der Du littest Not* – haben wir am Anfang unseres Gottesdienstes gesungen. Und das aus vollem Halse. Die Passionszeit geht ihrem Höhepunkt entgegen: Zeit, in sich zu gehen und zu schweigen, schuldbewußt oder zumindest doch verlegen zu schweigen. Und wir – wir singen aus vollem Halse: *Ehre sei Dir, Christe.* Und das auch noch nach einer alten böhmischen Schlagermelodie…

Angesichts des Leidensweges Jesu, angesichts des gegeißelten und mit einer Dornenkrone auch noch verspotteten Gottessohnes wäre es wohl angebracht, stille Zwiesprache mit sich selbst zu halten und sich zu fragen:

Wer hat Dich so geschlagen,
mein Heil, und Dich mit Plagen
so übel zugericht'? …
Ich, ich und meine Sünden, …
die haben Dir erreget
das Elend, das Dich schläget, …
Du nimmst auf Deinen Rücken
die Lasten, die mich drücken. (EG 84)

Eine beklemmende Einsicht, liebe Gemeinde. Wer sie sich zu eigen machen kann, wer so oder so ähnlich mit sich selber ins Gericht zu gehen Grund hat, den muß man wohl nicht erst auffordern, stille zu werden, zu verstummen und betroffen zu schweigen.

Doch wir: wir singen aus vollem Halse und meinen, mit unserem Gesang einen nach dem damals geltenden Gesetz zum Tode verurteilten und von Staats wegen als Verbrecher hingerichteten Menschen auch noch ehren zu können. Hinrichtung mit Gesang? Exekution mit Lobgesang? Makaber!

Ist etwa auch unser Passionslied am Ende ein makaberer Gesang, dieses:

Ehre sei Dir, Christe,
der Du littest Not
an dem Stamm des Kreuzes?

Der Tod am Kreuz, diesem Galgen des Altertums, war so grausam, daß Garotte und Guillotine als nahezu humane Hinrichtungsinstrumente erscheinen. Und wir: wir machen uns einen Vers darauf und fangen an zu singen? Stimmt hier überhaupt noch etwas? Ginge es nur um 100 Jahre Berliner Dom – ja, das wäre Grund genug, aus vollem Halse zu jubeln. Aber mitten in der Passionszeit?

Weihnachten, ja, da jauchzen sogar die Himmel, da *frohlocken die Engel in Chören* (EG 41). Und die Christenheit wird aufgefordert, einzustimmen: *Lobt Gott, Ihr Christen alle gleich*! (EG 27)

Und Ostern – ja, da *wollen wir alle fröhlich sein,* da stimmt die Christenheit ein neues Lied, ein neues Halleluja an: taufrisch wie am Morgen einer neuen Schöpfung, so daß auch die nichtmenschliche Kreatur Lust bekommt, einzustimmen: *Es singt der ganze Erdenkreis dem Gottessohne Lob und Preis, der uns erkauft das Paradeis. Halleluja, Halleluja, Halleluja*! (EG 100)

Weihnachten, Ostern – ja, das sind Feste, die ohne jubelnde Töne gar nicht rechte Feste wären. Denn zur Weihnachts- und zur Osterzeit wird eine Wahrheit gefeiert, die die Herzen höher schlagen läßt. Und wes das Herz voll ist, dem geht der Mund über. Ein fröhliches Herz fängt ganz von selbst an zu singen. Und ein von Herzen kommender Gesang – der steckt allemal an.

Es soll sogar hart gesottene Atheisten geben – ich bin mit einigen befreundet –, die es am Heiligen Abend oder am Ostermorgen zumindest in die Nähe einer Kirche treibt, damit sie, aus welchem Grund auch immer, summend oder brummend einstimmen können in der Engel Chöre und in den Lobgesang der Christen – so ansteckend können von Herzen kommende Töne sein. Zu Weihnachten. Und zu Ostern.

Aber in der Passionszeit? In den Wochen und Tagen, in denen uns ein entehrter Jesus Christus vor Augen tritt, erniedrigt und gedemütigt *mit Schlägen, Hohn und großem Spott*! (EG 84) In der Person dieses Menschen wurde immerhin Gott selbst entehrt und verspottet, verspottet und entehrt. Und dann aus vollem Halse: *Ehre sei Dir, Christe*?

Und das auch noch nach einer alten Schlagermelodie, sozusagen als Aufforderung zum Tanz? Das kann doch nicht stimmen!

Im Mittelalter und in der Reformationszeit ist der Choral in seiner letzten Strophe auch noch zu einem Spottlied mutiert, mit dem der arme Judas grausam verhöhnt wurde. *O, Du falscher Judas* sang man nun:

O, Du falscher Judas,
was hast Du getan?
…
Darum mußt Du leiden
höllische Pein,
Luzifers Geselle
mußt Du immer sein.

Und weil man sich an dieser höllischen Pein gar nicht genug weiden konnte, übersetzte man den bösen Vers sogar in die damalige lingua franca, also ins Lateinische, so daß man nun im ganzen gebildeten Europa sang: *O tu miser Juda…*

Der arge Vers gefiel unseren Vorfahren so sehr, daß sie ihn auch noch oft und gern parodiert haben. Auch Martin Luther hat dieses dubiose Spiel leider mitgespielt und seine Gegner mit Nachdichtungen aus seiner Feder kräftig verhöhnt. Dem von ihm in einer berühmten Streitschrift als Hans Worst geschmähten Herzog Heinrich (genannt: Heintz) von Braunschweig wurde auf diese Weise in Wittenberg aufgespielt und übel mitgespielt. Das klang dann so:

Ach, Du armer Heintze,
was hast Du getan
…
Des wirst Du in der Hölle
leiden große Pein;
Luzifers Geselle
mußt Du ewig sein.

Und das war nicht der einzige Vers, mit dem der Reformator die böse Strophe von dem »falschen Judas« parodierte, um seine Gegner dem öffentlichen Gelächter preiszugeben. Ja, wer von den Gegnern der Reformation bisher von solchem Spott verschont geblieben war, dem drohte der Reformator sogar recht sarkastisch, daß er »dies Liedlein einmal voll machen« werde. Und dann würde noch so mancher sein Fett, nein: seinen Vers abbekommen. Man muß das nur einmal in die ausgeflippte Sprache heutiger politischer Parteipolemik übersetzen – nein, lassen wir das lieber! Fragen wir statt dessen lieber noch einmal, ob und wie das alles zusammenstimmt.

Wir gedenken in diesem Gottesdienst der Passion Jesu Christi – und singen aus vollem Halse. Und unser Lobgesang hat – Schlagerqualität. Und was mit einem *Ehre sei Dir, Christe* anhebt, verwandelt sich am Ende fast zwangsläufig in ein Hohn- und Spottlied auf den, der seinen Meister mit einem Kuß verraten hatte. Und das macht so viel Spaß, daß man auch seine eigenen Gegner mit entsprechenden Parodien der Lächerlichkeit preisgibt. Wie das? Geht das? Ist das nicht irgendwie schräg, verrückt – jedenfalls ganz und gar paradox?

Man fühlt sich in die Faschingszeit zurückversetzt, in jene fünfte Jahreszeit, in der es gar nicht verrückt genug zugehen kann und ein Paradox das andere jagt. Nein, hier stimmt wirklich so gut wie gar nichts mehr.

Doch genau das ist gut so, liebe Gemeinde. Ja, das ist überaus gut. Gibt es doch kein unheimlicheres Paradox als Gott am Kreuz, kein schärferes Paradox als den Allerhöchsten in der tiefsten Erniedrigung, kein schauerlicheres Paradox als den ewigen Liebhaber des Lebens im Angesicht des Todes. Da stimmt nichts. Da stimmt jedenfalls dann nichts, wenn wir – wie alle religiös veranlagten Menschen – immer schon zu wissen meinen, wer oder was denn Gott ist und was göttlich genannt zu werden verdient.

Gewiß, auf Erden sind wir es gewohnt, daß die Usurpatoren der Macht nicht ewig in ihrer angemaßten Höhe da oben bleiben. Irgendwann werden sie herunter geholt. Irgendwann kommen sie zu Fall. Daß der mörderische irakische Diktator sich am Ende seiner Gewaltherrschaft in ein erbärmliches Erdloch verkriechen mußte, daß der

Massenmörder Hitler in seinem Berliner Bunker durch feigen Selbstmord sich davonstahl, daß der Massenmörder Stalin nur wenige Jahre nach seiner pompösen Beisetzung in dem ewigen Nachruhm verheißenden Mausoleum an der Kremlmauer aus diesem Mausoleum klammheimlich wieder entfernt wurde, das alles geht irgendwie in Ordnung.

Aber Jesus Christus, wahrhaftiger Gott und wahrhaftiger Mensch – am Stamm des Kreuzes? Der Urheber des Lebens – am Galgen? Der dreimal Heilige – durch menschliche Folter profanisiert? Der wahrhaft Gerechte – verurteilt wie ein Krimineller? Nein, da stimmt gar nichts mehr. Da jagt in der Tat ein Paradox das andere. Und wiederum sage ich: das ist gut so.

Schon das ist gut, liebe Gemeinde, daß wir erkennen, wie paradox das alles ist. Nach 2000 Jahren Christentum droht das alles ja seinen Stachel zu verlieren. Wer nimmt denn heute noch Anstoß, wenn er in unseren Kirchen das Kreuz erblickt? Weiß man überhaupt noch, daß das ein Galgen ist? Und was es bedeutet, daß Gottes Sohn an diesem Kreuz gewaltsam zu Tode gebracht wurde?

Man muß sich wohl erst von einem Feind des Christentums wie Friedrich Nietzsche wieder daran erinnern lassen, daß ein gekreuzigter Gott die Negation eines Gottes, die Negation von so etwas wie Gottheit überhaupt ist. Gott am Kreuz – das kann man nach Nietzsche nicht einmal denken. Gott am Kreuz – das ist allenfalls ein Hintergedanke: »Gott am Kreuze versteht man [denn] … die furchtbare Hintergedanklichkeit dieses Symbols nicht?« So fragt Nietzsches Antichrist. Er hat inmitten seiner unerbittlichen Polemik gegen das Christentum dessen Wahrheit immerhin scharf erkannt: in der Passion Jesu Christi gerät in der Tat nicht nur die Welt aus den Fugen; die Passion Jesu Christi schafft auch im Himmel neue Verhältnisse.

Doch eben das ist gut so. Ja, nichts ist so gut wie das. Denn es ist gut für uns. Der Passionschoral spricht es mit denselben Worten aus:

Ehre sei Dir, Christe,
der Du littest Not
an dem Stamm des Kreuzes,
für uns bittern Tod.

Für uns, uns zugut – das ist der Schlüssel für alles, was sich zwischen Gott und uns, was sich zwischen Himmel und Erde, mehr noch: was sich zwischen Himmel, Erde und Hölle abspielt. Die zweite Strophe unseres Passionsliedes spricht es hart, aber ehrlich aus:

Wäre nicht gekommen
Christus in die Welt
und hätt angenommen
unser arm Gestalt
und für unsre Sünde
gestorben williglich,
so hätten wir müssen
verdammt sein ewiglich.

Verdammt sein ewiglich – das ist die Hölle. Das ist die Hölle, die wir uns selbst bereiten. Denn wenn es eine Hölle gibt, dann nur deshalb, weil wir Menschen sie uns bereiten. Eine andere Hölle gibt es nicht. Und die Hölle, die wir uns selbst bereiten, besteht darin, daß wir blind werden für den heilsamen Unterschied von Gott und Mensch, von Schöpfer und Geschöpf. Und anfangen, selber Schöpfer zu spielen: erst im Kleinen, dann im Großen. Und schließlich ganz groß. Und für ganz groß ist die Wissenschaft zuständig, die uns die Mittel an die Hand gibt, Herren über Leben und Tod zu werden. So Großes kann die Wissenschaft leisten. Und so Schreckliches.

Daß wir uns nicht mißverstehen: auf menschliche Weise kreativ sein – das ist würdig und recht. Der Schöpfer hat seine Freude an kreativen Geschöpfen. Und er segnet das Gelingen verantwortlicher Kreativität. Aber ohne Gott, vielmehr: statt seiner kreativ sein wollen – das verhext den Menschen, das wirft uns auf uns selbst zurück, das macht uns zu zwanghaft agierenden Subjekten, die unentwegt um sich selber kreisen und am Ende so sehr von sich eingenommen sind, daß sie ihre eigenen Sklaven werden: ich gefangen in mir selbst – das ist wahrhaftig die Hölle.

Verdammt sein ewiglich – das heißt also nicht: im höllischen Feuer sinnliche Qualen erleiden müssen. So harmlos sollte sich nicht einmal mehr Lieschen Müller die ewige Verdammnis vorstellen! Verdammt sein ewiglich – das heißt vielmehr: ohne Gott leben zu müssen; für immer und ewig ganz allein auf sich selbst gestellt. Dann muß man sich selber trösten. Und das ist die Hölle. Dann muß ich mich selber rechtfertigen, mich selber begnadigen. Und das ist die Hölle. Dann muß ich mich selber glücklich machen: ich mich, ganz allein, for ever and ever. Das ist die Hölle.

Manchmal scheint das ja zu klappen. Manchmal schaffe ich das ja, daß ich mir selber Trost zuflüstere und mich aus Niederlagen und Depressionen selber wieder aufrichte.

Manchmal träumt wohl ein jeder von uns mit Goethe:

Allen Gewalten
zum Trutz sich erhalten,
nimmer sich beugen,
kräftig sich zeigen
rufet die Arme
der Götter herbei.

Manchmal. Aber wirklich nur manchmal. In der Regel geht es schief. Und auch das ist gut so.

Ja, es ist gut, liebe Gemeinde, wenn wir auch in unserem weltlichen Leben erfahren, wie sehr wir darauf angewiesen sind, daß ein anderer Mensch uns zu verstehen gibt: ich bin da, ich bin für Dich da. Und ich helfe Dir auf. Ich will es jedenfalls versuchen. Wohl dem, wohl der, wohl allen denen, die diese Erfahrung machen können! Manchmal. Und hoffentlich möglichst oft.

Nicht nur manchmal, nicht nur möglichst oft, sondern alle Morgen neu und bis in alle Ewigkeit ist Gott für uns da. Und wartet darauf, daß wir uns von ihm helfen lassen: mit uns leidend und für uns leidend, mit uns sterbend und für uns sterbend war er da, damit wir mit ihm, auferstanden von den Toten, ewig leben, damit wir mit ihm ungestört und unwiderruflich zusammenleben können »in ewiger Gerechtigkeit, Unschuld und Seligkeit«.

Deshalb gibt er jedem und jeder von uns in allen Lebenslagen zu verstehen: ich bin da, ich bin für Dich da. Mitunter flüstert er es nur, zum Beispiel dann, wenn der Eros zwei Menschen zusammenführt und sie außer sich sind vor Liebe. Denn wen der Eros überfällt – so ein altgriechischer Dichter – wen der Eros überfällt, der raset. Dann flüstert Gott – denn es gibt kein taktvolleres Wesen als den allmächtigen Gott – dann sagt er es flüsternd: ich bin da, ich bin für Euch da. Doch wenn wir in die Enge getrieben werden, wenn wir nicht mehr ein noch aus wissen, dann sagt er es laut und unüberhörbar, dann sagt er es so, daß man es auch im Himmel und in der Hölle hören kann und hören soll: ich bin da, ich bin für Dich da. Keine Macht der Welt, keine höllische Macht, aber auch keine himmlische Macht kann das wieder rückgängig machen, dieses göttliche: ich bin da, ich bin für Dich da. Und in der Todesstunde sagt er es überaus tröstlich noch einmal: ich bin da, ich bin für Dich da. Das ist Gottes erstes und letztes Wort.

Und nun stimmt alles, liebe Gemeinde. Wenn Gott für uns da ist, dann stimmt alles.

Und *für uns* heißt zugleich: *für alle*! Uns zugut heißt: allen zugute kommend. Also auch Judas.

Jene Verse, die ihn so hochmütig verhöhnen und ihn für ewig zu Luzifers Gesellen machen wollen – sie verhöhnen in Wahrheit den, der für uns alle, der auch für Judas gestorben ist. Nein, dergleichen wollen wir nun nicht mehr hören. Und schon gar nicht singen.

Da hat eine andere Nachdichtung unseres Chorals doch sehr viel besser erfaßt, worum es in der Passionszeit wirklich geht. Auch Luther hat sich diese Nachdichtung Gott sei Dank zu eigen gemacht. Es heißt nun:

Unsre große Sünde
und schwere Missetat
Jesum, den wahren Gottessohn,
ans Kreuz geschlagen hat.
Darum wir Dich, armer Juda,
dazu der Juden Schar
nicht feindlich dürfen schelten;
die Schuld ist unser. Das ist wahr.

Doch eben diese unsere Schuld wurde am Kreuz Jesu Christi ein für alle mal getilgt, für null und nichtig erklärt. Sie ist, als Jesus Christus den Tod des Sünders starb, mit ihm gestorben. Und da er, auferstanden von den Toten, mit dem Vater herrscht in Ewigkeit, haben Sünde, Tod und Teufel, haben die Mächte des Verderbens keinen Rechtsanspruch mehr. Sie mögen gegen uns geltend machen, was sie wollen: sie haben nicht mehr mitzureden; sie haben nichts, aber auch gar nichts mehr zu sagen. Denn seit Jesu Tod herrscht die Gnade. Sie herrscht – das heißt: der Gnade Gottes kann nichts und niemand mehr widersprechen. Auch mein eigenes Gewissen nicht! Was immer unser Gewissen uns vorwirft und zu recht vorwirft: es hat, wenn die Gnade herrscht, nicht mehr mitzureden. Es darf nun schweigen. Jetzt gilt nur noch Gottes Zusage: ich bin da, ich bin für Dich, bin für Euch da.

Darum: *Wer schuldig ist auf Erden, verhüll nicht mehr sein Haupt*! (EG 16) Sondern er fange auch in der Passionszeit an, aus vollem Halse zu singen. Und wenn er will, auch zu tanzen. Wer weiß, vielleicht tanzt der 100jährige Dom sogar ganz unmerklich mit. Und selbst der feierlichste Choral darf sich, wenn wir nun das ganze Passionslied noch einmal singen, in einen mitreißenden Schlager verwandeln. Der Organist hat alle Freiheit. Amen.

EG 321: »Nun danket alle Gott«

Predigt anläßlich einer »Goldenen Hochzeit«

Ja, liebes, seit nunmehr 50 Jahren glücklich verheiratetes Ehepaar Ziegler! *Ja*, verehrte Familienangehörige, Freundinnen und Freunde dieser sich ihrer »goldenen Hochzeit« freuenden Eheleute, die – soviel zum Gold! – uns allerdings nicht an das hochpolierte funkelnde Edelmetall, sondern eher an das zwar matt, aber um so edler glänzende Gold denken lassen. *Ja*, liebe gottesdienstlich versammelte Gemeinde: *Ja* – das ist das erste Wort, das in diesem Dankgottesdienst laut werden muß. Und ich wünsche Ihnen, daß es auch das letzte Wort in Ihrem Leben sein möge: dieses *Ja*.

Ja, es gibt Grund, es gibt wahrhaftig reichlich Grund, Gott in dieser Stunde zu danken: für jenes *Ja*, mit dem Uta und Reinhard Ziegler sich vor einem halben Jahrhundert einander versprochen und das sie seitdem in den unterschiedlichsten Lebenslagen immer wieder bekräftigt haben. *Ja* – das ist in dieser Stunde der kürzeste, prägnanteste und schönste Ausdruck der Dankbarkeit: der Dankbarkeit auch und nicht zuletzt dafür, daß Gott seinerseits zu Ihnen immer wieder *Ja* gesagt hat. Da spiegelt, da reflektiert das eine *Ja* das andere. *Ja*, nun danket alle Gott!

Gewiß, Dank gebührt nicht nur ihm, »der große Dinge tut an uns und allen Enden«. Da sind auch *viele Menschen*, denen zu danken Sie, liebe Eheleute Ziegler, reichlich Anlaß haben.

Sie werden an Ihre Eltern denken, liebe Frau Ziegler, die Sie bis ins hohe Alter mit mütterlicher Fürsorge und väterlichem Wohlgefallen begleitet haben. Und Ihr Vater, lieber Herr Ziegler, hat Ihnen gewiß weit mehr als nur jenen Opel Rekord anvertraut, mit dem es dann auf große Fahrt ging. Ich habe diesen Mann, der auf seine Weise tief in die Welt geblickt und seine Welterfahrung dann seinen Söhnen weitergegeben hat, selber kennen und achten gelernt. Ja, alle Achtung!

Doch der Dank richtet sich auch auf die Nachgeborenen, die Kinder und Enkelkinder, deren bloßes Dasein bereits überaus dankbar macht und von denen keines sich sagen muß: »Weh Dir, daß Du ein Enkel bist!«

Und dann ist da die liebe Cousine Brigitta, der Ihr Mann, liebe Frau Ziegler, ehe er überhaupt an eine Ehe zu denken vermochte, herzlich, aber züchtig, züchtig, aber herzlich zugetan war und der er bis heute – sagen wir es so: mit herzlichem Respekt begegnet und dankbar verbunden ist.

Und da sind auch, lieber Herr Professor, Ihre akademischen Lehrer und – vielleicht wichtiger noch – Ihre Kollegen: jene, die Ihnen, dem noch jungen Mediziner, bei seiner lebensgefährlichen Erkrankung medizinisch kompetent, aber eben auch menschlich hilfreich zur Seite standen. Sie haben an sich selber erfahren, daß »mitten wir im Leben« von »dem Tod umfangen« sind. Wer das erfährt, lernt das Leben als eine Gabe schätzen, die alles andere als selbstverständlich ist. Für ihn gewinnt das Wort »Dank« eine besondere Tiefe,

Doch auch die dankbare Erinnerung an identitätsstiftende Orte und Häuser – sei es nun ein stolzes Schloß oder eine erholsame Insel – stellt sich ein.

Und ganz ohne Dankbarkeit kann man ja wohl auch nicht an das zurückdenken, was *nicht* passiert ist, wovor man durch gute Fügung oder auch durch eigene List und Schnelligkeit *bewahrt* worden ist: zum Beispiel in München vor den eine Etage unter dem Brüderpaar Ziegler residierenden Schlangenringerinnen des Etablissements »Pascha«. Nicht auszudenken, wenn die beiden Studenten der Jurisprudenz diesen Schlangenringerinnen in die Hände geraten oder gar in die Arme gefallen wären...

Ja, liebes Ehepaar Ziegler, es gibt viele, es gibt mannigfaltige und überaus unterschiedliche Anlässe in Ihrem Leben, dankbar zu sein. Und das sind alles sehr irdische, ganz und gar weltliche Anlässe, dankbar *Ja* zu sagen.

Und jetzt also noch, sozusagen als donum super additum: »Nun danket alle Gott«? Gott als eine Art Sahnehäubchen obendrauf? Gott als eine das Ganze krönende religiöse Zutat? Dank dem Allmächtigen, der von weither »alles so herrlich regieret«, so wie ein – zugegeben miserabler – weltlicher Machthaber, ein Potentat eben, alles von oben herab steuert, mit starker Hand regiert und gegebenenfalls korrigiert?

Doch was wäre das für ein »Gott«! Und wie könnte man einem solchen Gott danken mit Herzen, Mund und Händen?

Von Herzen danken kann ich nur, wenn mir etwas *zu Herzen* gegangen ist. Der Choral, der uns ermuntert, Gott mit Herzen, Mund und Händen zu danken, schreibt einen biblischen Text (aus dem 50. Kapitel des Buches Jesus Sirach) fort, will also im Kontext dessen verstanden werden, was die Heilige Schrift über *den Gott* zu sagen weiß, der nicht nur Himmel und Erde gemacht hat, sondern der in der Person Jesu Christi *einer von uns* geworden ist und der in der Kraft des Heiligen Geistes sogar *in uns* wirken will. Und das ist etwas anderes als jenes Regiment immer nur von fernher und von oben herab. Da hat der unter Theologen oft als alter Heide verschrieene Goethe den biblischen Sinn der Rede von Gott doch wohl eher erfaßt, als er fragte: »Was wär' ein Gott, der nur von außen stieße, im Kreis das All am Finger laufen ließe«? Der Dichter hält dagegen und wagt, zu behaupten: »Ihm ziemts, die Welt *im Innern* zu bewegen.«

Wenn Gott nicht nur von außen stößt, sondern *die Welt* im Innern zu bewegen vermag, dann bewegt er auch unser *persönliches Leben* nicht wie einer, der nur von außen stößt und wie das All so auch unsere eigene Existenz an seinem allmächtigen Finger laufen läßt. Ganz im Gegenteil! Im neutestamentlichen Griechisch ist der Dank, die *eucharistia*, die Antwort auf die göttliche *charis*: ein Wort, das man in der Regel mit *Gnade* zu übersetzen pflegt, das aber ursprünglich soviel wie *Charme* heißt. Wer Gott zu danken Anlaß hat, der hat den Charme Gottes erfahren. Und wenn wir ihm dann auch tatsächlich danken, dann springt etwas von Gottes Charme auf uns über. Man kann ja in der Tat nicht verbissen oder verkniffen dankbar sein.

Wer aber charmant handelt, dessen Kraft ist das genaue Gegenteil von jener Macht, die nur von außen stößt. Wenn ich den Charme Gottes erfahre, dann bewegt Gott mich dadurch, daß er mein Herz erobert und mir auf diese Weise ganz nahe kommt, ja sogar näher als ich mir selber nahe zu sein vermag.

Sage niemand, dergleichen sei unmöglich: daß mir etwas näher kommt als ich mir selber nahe zu sein vermag! Dergleichen gibt es sogar in ganz profaner Hinsicht. Wenn zum Beispiel ein gelungener Witz »rüberkommt«, dann *muß* ich lachen, und zwar selbst dann, wenn ich fest entschlossen war, für diesmal humorlos zu sein. Ich habe als Dekan auf diese Weise völlig zerstrittene Fakultätsmitglieder, die fest entschlossen waren, sich gegenseitig zu schmähen, dazu gebracht, daß sie gemeinsam lachen mußten und dann auch gemeinsam handeln konnten. Die Pointe des Witzes ging jedem von ihnen näher als er sich selber nahe zu sein vermochte.

So, genau so kommt auch der allmächtige Gott – jedenfalls wenn er will – dem menschlichen Ich näher als dieses Ich sich selber nahe zu sein vermag. Der Kirchenvater Augustinus hat es in geschliffenem Latein formuliert: der deus superior summo meo wird zum deus interior intimo meo – der Gott, der höher ist als mein Höchstes, wird mir innerlicher als mein Innerstes.

Und mein Innerstes, das sind in der Sprache der Bibel meine *Eingeweide* und mein *Herz*.

Die *Eingeweide* sind in den biblischen Erzählungen deshalb so wichtig, weil von ihnen aus *der ganze Mensch* affiziert wird. Von Jesus heißt es in jenen Fällen, in denen ihm menschliches Elend vor Augen kam, es schlug ihm auf die Eingeweide. Luther übersetzt: es jammerte ihn, nämlich so, daß es ihm durch und durch ging. Und das brachte dann den *ganzen Menschen* zum Einsatz, so daß ihm die wunderbare Kraft zuwuchs, zu heilen und Dämonen auszutreiben. Doch das können nur wenige. Ich kann es jedenfalls nicht.

Aber wenn mir etwas *zu Herzen* geht, dann ist ebenfalls

der ganze Mensch, dann bin ich *ganz und gar* betroffen. Und dann kann sich das Herz nicht verschließen, dann will es aus sich heraus gehen. Dann kommt das Herz auf die Lippen. Und wenn das, was uns zu Herzen geht, etwas ist, wozu man *Ja* sagen kann, wozu man uneingeschränkt und aus vollen Herzen *Ja* sagen kann, und wenn es gar der ewigreiche Gott ist, der mir so zu Herzen geht, dann wird das Herz fröhlich und dann muß man schon ein zutiefst undankbarer Mensch sein, wenn man diesem Gott nicht danken will »mit Herzen, Mund und...«

Und? Bevor wir nun auch noch auf die Hände achten, stellt sich zumindest den Nachdenklichen unabweisbar die Frage, wie denn mit unserem Dankchoral das Leben all jener Menschen zusammenstimmt, die zu danken *keinen Anlaß* haben. Nur einem Egomanen kann diese Frage nicht zu Herzen gehen oder auf die Eingeweide durchschlagen.

Und deshalb muß, wenn wir Gott wirklich von Herzen für all das danken wollen, was er Großes an uns getan hat, auch der ganze Jammer jener Mitmenschen, von denen uns einige vielleicht sogar sehr nahe sind, auf unsere Lippen kommen. Und das geschieht in der Christenheit so, daß derselbe Mund, der Gott *dankt*, ihn auch *bittet*: für alle jene bittet, deren Mund stumm geworden ist und stumm zu bleiben droht, wenn ihnen nicht geholfen wird. Zur Eucharistie, zum Dank der Christen gehört deshalb die *Fürbitte* für alle, die weder aus noch ein wissen.

Und nun kann unsere Aufmerksamkeit sich auch auf die Hände richten, mit denen wir Gott ja ebenfalls danken sollen. Warum auch »mit Händen«?

Mit der Hand *gibt* man. Und mit der Hand *hilft* man: nämlich denjenigen, die auf unsere Hände angewiesen sind, damit auch sie ihrerseits vielleicht doch noch einmal danken können in ihrem Leben. Jeder dankbare Mensch, jeder einzelne, verändert unsere Welt. Jeder dankbare Mensch macht unsere Welt menschlicher. Und sie wird menschlicher, wenn für das Verhältnis von Ich und Du, von Eltern und Kindern, von Nahen und Fernen und natürlich erst recht von zwei Menschen, die sich so nahe sind wie zwei seit 50 Jahren verheiratete und sich noch immer bejahende Eheleute, dasselbe gilt, wenn von ihnen allen dasselbe gesagt werden kann, was der Dichter Conrad Ferdinand Meyer von einem römischen Brunnen behauptet hat: nämlich »jede Schale« – will heißen: jede und jeder von uns – »nimmt und gibt zugleich.«

Und was können wir *Gott* geben, dem »ewigreichen Gott«? Ihm können wir gar nichts geben – außer unseren Dank. Und wenn der Dank ganz intensiv wird, dann wird er zum Lob. Und deshalb wollen wir nun die dritte Strophe unseres Dankchorals noch einmal singen: *»Lob, Ehr und Preis sei Gott, dem Vater und dem Sohne und dem, der beiden gleich im höchsten Himmelsthrone, dem dreimal einen Gott, wie es ursprünglich war und ist und bleiben wird jetzund und immerdar!«* – Amen

Trauerrede für Rüdiger Bubner

Verehrte Trauernde!
Wir nehmen Abschied von Rüdiger Bubner, dem Denker und Lehrer, dem in unverwechselbarer Weise menschlichen Menschen und Freund. Und indem wir es tun, bringen wir noch einmal unseren herzlichen Respekt und unsere Zuneigung zum Ausdruck: unseren herzlichen Respekt vor einem Menschen und unsere Zuneigung zu einem Menschen, der das Leben liebte und ihm eine auch das Leben anderer Menschen prägende Form zu geben verstand. Und der doch schon recht früh am eigenen Leibe die bedrückende Wahrheit erfahren mußte, die der alte St. Gallener Hymnus in Worte gefaßt hat: »media in vita in morte sumus: mitten wir im Leben sind mit dem Tod umfangen.«

Rüdiger Bubner ist mit dieser bedrückenden Wahrheit erstaunlich souverän umgegangen. Vielleicht hat er die makabre Nachbarschaft von Leben und Tod auch einfach souverän ignoriert. Der Verstorbene war ja nicht nur souverän in dem, was er sagte. Er war souverän auch in dem, was er nicht sagte. Das hat ihn mitunter auch einsam gemacht. Er hat sich jedenfalls über die ihm seit vielen Jahren auferlegten Lebensbeschränkungen nur selten geäußert, hat wenig Worte davon gemacht.

Vielleicht hatte er auch seine Zweifel: ob unsere – dem Leben dienende und das Leben fördernde – Sprache für den das Leben beendenden Tod überhaupt angemessene Worte hergibt.

Und so drängt sich erneut die Frage auf, ob es denn Worte gibt, die dem Tod gewachsen sind. Oder sind da selbst die sachgemäßesten Worte nur ein durch Reden präzisiertes Schweigen, letzte Worte vor dem eigentlich allein angemessenen Verstummen?

Der Christ, der ich bin, kennt Worte, die nicht nur stark sind wie der Tod, sondern stärker. Es sind schöpferische Worte, also Worte des Gottes, dessen Leben mit der Liebe identisch ist. Denn im Ödland des Todes schafft nur die schöpferische und also göttliche Liebe neue Beziehungen und neues Leben.

Rüdiger Bubner hatte Respekt vor einer Theologie, die bei ihrer Sache bleibt. Aber *seine* Sache war sie nicht. Das haben *wir* zu respektieren.

Immerhin, den Hut eines theologischen Ehrendoktors hat sich der Philosoph vorbehaltlos aufsetzen lassen. Er hat, wie mir die Dekanin der ihn ehrenden theologischen Fakultät gestern noch schrieb, »diese Ehrung sehr bewußt und freudig bejaht« und war einverstanden mit der Begründung, daß er »die Theologie in ihrer vom Glauben geleiteten Vernunft inspiriert und sie provoziert« habe, »ihre von der Offenbarung erleuchtete Rationalität in den Dienst einer überzeugenden Lebensform zu stellen«. Und so werde ich nachher am Grabe denn auch ein *Vater Unser* beten. Und alle, die in dieses Gebet einstimmen können und einstimmen wollen, sind herzlich eingeladen, es zu tun.

Indessen, einen sich an die Liturgie der Kirche haltenden Trauergottesdienst hat Rüdiger Bubner nicht verfügt. Und so kann das Wort, das dem Tod standhält, in diesem Fall auch nicht das Wort des Evangeliums von der unser sterbliches Leben bergenden Liebe Gottes sein. Gibt es andere Worte, die weiterhelfen? Gibt es dem Evangelium zumindest befreundete Worte extra ecclesiam?

Ich wage zu behaupten: durchaus! Der lebendig machenden Kraft des Wortes bleiben wir auch dann treu, wenn wir am Sarg des philosophierenden Freundes an den großen Aporetiker unter den Philosophen erinnern, also an Sokrates.

Er hatte angesichts seines Todes – so erinnerst sich Platon (Phaidon 89b) – keine größere Sorge als die, es möge nur ja der Logos nicht so verenden, daß wir ihn nicht wieder zum Leben erwecken können. Deshalb soll der Mensch den Logos lieben und pflegen. Denn wer das Wort verachtet, verachtet das menschliche Leben, so daß Misologen nichts anderes als Misanthropen sind. Und indem

Menschen mit dem Logos zugleich Menschen verachten, verachten sie auch den nahen, doch schwer zu fassenden Gott. Das sei ferne!

Und so lassen Sie uns denn mit unseren unbeholfenen, aber eben doch dem nicht sterbenden Logos zumindest aus großer Ferne entsprechenden Worten von Rüdiger Bubner Abschied nehmen!

Worte der Anerkennung und Würdigung seiner philosophischen Arbeit sind hier nicht am Platz. Das ist die vornehme Pflicht der dazu Berufenen. Aber einige Worte der Erinnerung gehören hierher: Worte, die an den Menschen erinnern, dem – wie es im Nachruf seiner Fakultät heißt – Philosophie zur Lebensform geworden ist.

Ja, der Form wußte Rüdiger Bubner sich verpflichtet: der in Freiheit gestaltenden Form, die dem keimenden Leben zur Blüte verhelfen will und die so, aber auch anders sein kann. *Solcher* Form war er Freund und Anwalt. Also nicht dem Formelhaften, das dem Lebendigen feindlich ist. Daß »sich's nicht zum Starren waffne« – Goethes Sorge hat Rüdiger Bubner geteilt.

Aber daß er selber dieser Gefahr erliegen könnte, das war seine Sorge nicht. Und unsere auch nicht. Denn Rüdiger Bubner zehrte aus Quellen, die ihm nicht nur im Umgang mit anderen, sondern auch im Umgang mit sich selbst eine immer wieder durchbrechende Jugendlichkeit gewährte. Als er und ich hier in Heidelberg noch einmal gemeinsam ein Seminar abhielten, überraschte mich, wie noch auf seinem von seiner Krankheit gezeichneten oft aschfahlen Gesicht immer wieder ein offensichtlich unversiegbarer jugendlicher Charme aufblitzte: jener Charme, der ein Verwandter der *Charis* ist, die die Theologen mit dem Wort *Gnade* ins Deutsche bringen: kein Erzeugnis eigener Leistung, sondern von weither zugespielt. Aber etwas, das Kraft verleiht, sich dem Schema des weltlich Opportunen nicht gleichschalten zu lassen. Wenn Rüdiger Bubner auch sonst vom Apostel Paulus so gut wie nichts verstanden hat, der apostolischen Forderung, sich dem Schema der jeweiligen Welt nicht gleichschalten zu lassen, hätte er allemal zugestimmt. So habe ich ihn erlebt. So haben ihn viele von uns erlebt. Und so kam es auch bei vielen von uns zu einer inmitten noch so großer Unterschiedenheit Verstand und Herz berührenden Annäherung, ja Freundschaft.

Wir erinnern uns aber auch der Jerusalem und Athen verbindenden *Parrhesia,* also jenes *Freimuts*, der einem ebenfalls *zugespielt* wird, dann aber mit einer gewissen Disziplin eingeübt zu werden verlangt, um einen Charakter prägen zu können.

Rüdiger Bubner war ein – im alten Sinne des Wortes – freimütiger Mensch: freimütig gegenüber dem unbedingt zu Bewahrenden, indem er eben aufgrund seiner Parrhesia am Überlieferten bisher Unentdecktes aufzudecken (ihm dieses mitunter freilich auch zuzumuten) verstand; freimütig aber auch (und das ist wichtiger noch) gegenüber anderen Personen, deren Identität er zu respektieren verstand, und sei es denn mit dem seine philosophische Existenz auszeichnenden Witz.

Wie sehr er sich in andere Menschen – auch in die von ihm weniger geliebten – hineinzuversetzen vermochte, kam allemal dann zu Tage, wenn er sie – sei es Freund, sei es Feind – zu *imitieren* begann. Spätestens dann wurde es inmitten tiefster Ernsthaftigkeit unbändig heiter. Unvergessene Augenblicke!

Bubner respektierte die Identität des Anderen. Aber er fixierte niemanden auf das, was er war oder jetzt zu sein meint. Vermutlich auch sich selber nicht. Dazu war ihm das, was Aristoteles nur der Poesie zugestehen wollte, existentiell zu wichtig: nämlich die Erwägung, daß es auch anders sein, auch anders hätte kommen können. Bubner verstand sich auf Kontingenzen. Seine englisch sprechenden Studenten haben ihm deshalb sogar einen liebenswürdigen, aber durchaus treffenden Spottnamen angehängt: »Mister Contingency« nannten sie ihn.

Rüdiger Bubner wußte, daß es sich mit der Kontingenz ähnlich verhält wie mit dem – nach Augustinus die Ewigkeit symbolisierenden – Meer: man kann, jedenfalls bei gutem Wetter, auf den Meeresgrund sehen, aber man kann den Grund des Meeres nicht fassen.

Wenn alles unendlich so weiter geht, ist die Einsicht, daß es auch anders hätte kommen können, eine belanglose Einsicht. Aber wenn unser Leben endlich ist, erzeugt gerade die Einsicht in den Ernstfall jenes freie Spiel der Einbildungskräfte, das dem gründlichen Denken eine Tür aufstößt zu jener – allen politischen und moralischen Forderungen sich souverän entziehenden – Freiheit, die das *authentisch Schöne* umgibt. Dafür, daß er »die Suche nach dem authentisch Schönen wachhält«, wurde Rüdiger Bubner bei der Verleihung der theologischen Ehrendoktorwürde gerühmt.

Es gehört zur philosophischen Lebensform unseres Freundes, daß er je länger, je intensiver zum Anwalt der Autonomie unserer ästhetischen Erfahrung wurde. Darin unterschied er sich wohl von seinem großen Lehrer Gadamer. Doch beide wußten, daß in der ästhetischen Erfahrung das Leben immer aufs neue lebendig wird. Denn:

»Wer das Tiefste gedacht,
liebt das Lebendigste.
Hohe Jugend versteht,
wer in die Welt geblickt.
Und es neigen die Weisen
oft am Ende zum Schönen sich!«

Und solchen Worten, die der Erfahrung des Schönen zu ihrer Wahrheit verhelfen, kann selbst der Tod nicht ins Wort fallen. Sie stützen vielmehr, wie Rüdiger Bubner in einer Rede »über den möglichen Trost der Philosophie« formuliert hatte, »die Identität jedes Einzelnen, der intensiv nachdenkt«. Das hat er getan. – Requiescat in pace!

Trauerrede für Lord Ralf Dahrendorf

Sehr verehrte, liebe Lady Dahrendorf,
verehrte Familienangehörige,
verehrte Trauernde!
Wir nehmen Abschied: Abschied von einem Menschen, dessen Leben ein ungewöhnlich reiches, weil ungewöhnlich beziehungsreiches Leben war.

Leben, menschliches Leben zumal, vollzieht sich immer in Beziehungen. Und wo die elementarsten Lebensbeziehungen eines Menschen lädiert oder gar zerstört werden, da wirft der Tod bereits mitten im Leben seinen dunklen Schatten voraus. Deshalb kann man für ein so beziehungsreiches Dasein, wie es das Leben Ralf Dahrendorfs war, trotz und inmitten aller Trauer zutiefst dankbar sein. Wenn die unser Leben bestimmenden Beziehungen so lebendig waren und das in ihnen gelebte Leben so beziehungsreich war wie das des Verstorbenen, dann gilt Goethes Satz wirklich: »Wie es auch sei, das Leben – es ist gut.«

Ralf Dahrendorf wußte, daß unser menschliches Leben sich in elementaren Beziehungen vollzieht. Und in allen diesen Beziehungen beziehe ich mich – zuweilen mehr, zuweilen weniger glücklich – auch immer auf mich selbst. In solchem Beziehungsreichtum ist der Mensch lebendig und menschlich. Und insofern ist der homo humanus in der Tat ein homo sociologicus.

Ihn hatte der Denker Ralf Dahrendorf im Blick und der Politiker Dahrendorf im Sinn, wenn er wissenschaftlich analysierend und wenn er politisch optierend tätig war. Doch wenn in dieser Stunde des Abschieds sich nun unser Blick auf das an sein Ende gekommene Leben dieses Menschen richtet, dann kehrt sich jener Satz um: der Verstorbene war in all seinen Rollen und Relationen, dieser unverwechselbar individuelle homo sociologicus war in dem bunten Beziehungsreichtum seines Lebens allemal ein homo humanus, ein zutiefst menschlicher Mensch.

Das gilt zunächst und vor allem für die familiären und freundschaftlichen Beziehungen seines Lebens. Die Töchter und der Enkel haben mir mit einigen Bemerkungen angedeutet, was ihnen die Nähe dieses Menschen bedeutete. Und was Sie, verehrte Frau Dahrendorf in dieser Hinsicht bewegt, das mag im Schrein ihrer ganz persönlichen Erinnerung lebendig bleiben: in dem nur von Ihnen selbst zu öffnenden Erinnerungs-Schrein, vor dem wir uns mit herzlichem Respekt verneigen: mag er sich öffnen oder mag er verschlossen bleiben.

Und das gilt für Sie alle, die Sie den Verstorbenen aus nächster und intimer Nähe erlebt haben. Wenn das, was Ihr Herz jetzt bewegt, sich irgendwann Anderen mitteilen will, dann machen Sie getrost von Ihrer souveränen Freiheit Gebrauch, sich der Sprache anzuvertrauen, mit deren Hilfe wir einander begegnen. Wenn aber irgendein Vertreter der in dieser Hinsicht hemmungslos gewordenen Gesellschaft mit »groß Macht und viel List« Ihr Innerstes nach außen kehren und gewaltsam publik machen will, dann machen Sie genau so getrost von der nicht weniger souveränen Freiheit Gebrauch, eisern oder besser noch lächelnd zu schweigen. Der homo humanus Ralf Dahrendorf wäre in beiden Fällen auf Ihrer Seite.

Ein zutiefst menschlicher Mensch war der Verstorbene aber nicht nur in seiner Familie und im Kreis seiner Freunde, sondern eben auch in jenen Lebensbeziehungen, in denen Menschlichkeit eher als Manko und das Bestehen auf Humanität als Schwächeanfall eines sonst doch bewundernswert starken Charakters gilt. Was für ein powerer, ja was für ein schäbiger Begriff von Menschlichkeit, von Humanität! Lord Dahrendorf dachte anders. Und er verhielt sich anders.

Er hatte die überlegene Freiheit, die Schärfe des wissenschaftlichen Urteilsvermögens als eine die Mitmenschlichkeit nicht etwa beschädigende, sondern fördernde Schärfe zu verstehen und zu praktizieren. Seine Urteile waren streng, aber nicht unbarmherzig. Sie wollten weiterhelfen. Das ist human.

In analoger Weise gilt das auch für seine unverwechselbare Ironie, die sich nicht selten schon in den Überschriften seiner Beiträge zum Zeitgeschehen bemerkbar machte: »Sind Beamte auch Menschen?«, »Ist die Dame ausgestorben?« Wer solche Fragen stellt, über dessen Ironie wird gewiß einmal ein gescheiter Doktorand eine gescheite Dissertation schreiben. Doch dann möge er nur ja nicht übersehen, was man schon bei Sokrates und bei seinem Interpreten Kierkegaard lernen konnte: daß nämlich Ironie eine besondere Form von Wahrheitsliebe und eben deshalb eine ganz besondere Weise von Nächstenliebe zu sein vermag. Denn was der Wahrheit dient, dient auch dem Nächsten. Und was dem Nächsten überhaupt nicht dient, ist auch nicht wahr.

Zu einer ganz besonderen Weise von Nächstenliebe wird Ironie allerdings nur dann, wenn sie von Selbstironie durchsetzt ist. In Ralf Dahrendorfs beziehungsreichem Leben funkelte die Selbstironie eines Menschen, der auch und gerade dann, wenn er ironisch wurde, auf seine höchst individuelle Weise zutiefst menschlich war.

Vermutlich hängt das mit dem ihm eigentümlichen Verhältnis zur Endlichkeit unseres Menschenlebens zusammen. Daß wir am Ende zu Staub werden – oberhalb der bergenden Erde irgendwann vom Winde verweht; in der bergenden Erde (als Asche beigesetzt oder in einem Sarg begraben) langsam, aber sicher zu Staub zerfallend – daß wir am Ende unseres Lebens zu Staub werden, das sagen nicht nur heilige Schriften, das sagt uns auch der gesunde Menschenverstand.

Ob das alles ist, was hier zu sagen wäre, das sagt uns der gesunde Menschenverstand allerdings nicht. Denn der Tod macht nicht nur stumm. Er ist auch stumm. Er hat nichts zu sagen. Und sein tödliches Schweigen ist die Manifestation der alles umfassenden Beziehungslosigkeit, die der Tod allemal erzeugt. Er beendet auch den größten Beziehungsreichtum des menschlichen Lebens. Und wo alle Beziehungen enden, da ist der gesunde Menschenverstand machtlos. Und auch dem frömmsten Gemüt ergeht es nicht anders. Goethe hat Recht: »Nach drüben ist die Aussicht uns verrannt.«

Und wenn Sie es dem Dichter nicht abnehmen, einem halbwegs frommen Theologen dürfen Sie es glauben: gegen den Tod hilft auch »Religion« nichts. Denn gegen den Tod hilft nur der Herr über Leben und Tod. Doch zu dem hatte Ralf Dahrendorf, wenn überhaupt, allenfalls ein eher gebrochenes Verhältnis. Und deshalb ehren wir beide – den Verstorbenen und den Herrn über Leben und Tod –, indem wir über diese intrikate Beziehung schweigen.

Aber das bedeutet ganz und gar nicht, daß wir über unsere eigene Endlichkeit – sei es respektvoll, sei es betreten – zu schweigen hätten. Ganz im Gegenteil! Es hängt nämlich viel, es hängt sehr viel davon ab, welche Einstellung wir zu der gemeinen Tatsache gewinnen, daß unser Leib am Ende zu Staub wird. »Erde zu Erde, Asche zu Asche«…

Man kann damit drohen. Schon der große Platon hat das getan. Und so mancher kirchlich sozialisierte Fromme auch. Doch eine solche Drohung – zumal aus Pastorenmund – wäre pfäffisch und das Gegenteil gewissenhaften Glaubens.

Man kann die Endlichkeit unseres irdischen Lebens aber auch als Chance begreifen: als die Möglichkeit einer einmaligen Gelegenheit und einer unverwechselbaren individuellen Existenz, aus der es etwas zu machen gilt. Ralf Dahrendorf hat diese Einstellung zur eigenen Endlichkeit privilegiert. Endlichkeit wird dann nicht als Mangel, nicht als Privation, sondern eben als Chance des Einmaligen und also als Position begriffen. Nun kann selbst der endliche Augenblick, obwohl er alsbald vergangen sein wird, zu einem beglückenden Augenblick werden, in dem das tägliche Brot nach dem richtigen Wein verlangt. Und Ralf Dahrendorf verstand etwas von guten Weinen.

Ja, er war ein Anwalt der so, der positiv zu begreifenden Endlichkeit unseres Lebens. Zwischen einem Anfang, unserer Geburt, und einem Ende, unserem Tod, da zu sein – das wäre dann kein in diesen Grenzen eingeschlossenes, gefangenes, sondern ein durch jene Begrenzung herausgefordertes, ein zur Freiheit herausgefordertes Dasein. So hat es Ralf Dahrendorf verstanden. Und darin wurde er vielen zu einem auf Aufklärung setzenden, allerdings auf eine in die Tiefe gehende Aufklärung setzenden Vorbild.

Dabei haben eigene Erfahrungen sicherlich eine prägende Rolle gespielt. Die 1944 erfolgte Verurteilung seines sozialdemokratisch engagierten Vaters durch den »Volksgerichtshof« und die eigene Inhaftierung des erst Fünfzehnjährigen, der antinazistische Flugblätter verteilt hatte, haben sein Denken und Handeln bleibend beeinflußt. In seinen – mit dem bezeichnenden Titel »Über die Grenzen« veröffentlichten – »Lebenserinnerungen« sagt er es selbst: »Die zehn Tage Einzelhaft haben jenen fast klaustrophobischen Drang zur Freiheit in mir geweckt, den aus den Eingeweiden kommenden Widerwillen gegen das Eingesperrtsein, sei es durch die persönliche Macht von Menschen oder durch die anonyme Macht von Organisationen... Wahrscheinlich hat jene Zelle in Frankfurt an der Oder mich sogar immun gemacht gegen die Versuchungen jeder Art von Totalitarismus.«

Wahrhaftig: Wer einmal gegen alles Recht und gegen jede Billigkeit weggesperrt oder eingemauert war, der kann das endliche Leben extra muros nicht wiederum als ein Leben in babylonischer Gefangenschaft akzeptieren, sondern der wird es als Herausforderung, ja als Verpflichtung zur Freiheit erfassen, die es zu gewinnen, zu verteidigen und zu gestalten gilt. Das war die axiomatische Gewißheit, die den Verstorbenen leitete und der er treu blieb – so wie er denn auch sich selber ein Leben lang treu geblieben ist.

Außerhalb freiheitsberaubender Mauern lernt man dann selbst das Unscheinbare ganz neu zu schätzen. Diese Erfahrung verlieh ihm wohl auch die nicht gerade häufig anzutreffende Fähigkeit, selbst das Banalste interessant zu machen und sogar zu einem wissenschaftlich untersuchenswerten Gegenstand zu stilisieren, so daß nicht selten aus einer ganz alltäglichen Begebenheit zur Verblüffung seiner Familie – und nicht immer zu deren Vergnügen – eine soziologische Fallstudie zu werden drohte.

Herausforderung durch die Freiheit und Verpflichtung zur Freiheit – wenn Ralf Dahrendorf beides auch bei anderen Menschen wahrnehmen zu können meinte, dann war er in seinem Element. Daher wohl auch seine Zuneigung zu den von ihm so geannten Erasmus-Menschen und zu Erasmus selbst, der gegen Martin Luther eine Streitschrift *De libero arbitrio (Über den freien Willen)* verfaßt hatte. Daß diese Schrift mit der Versicherung endet, sich des eigenen Urteils enthalten zu wollen – »iudicium esto penes alios«! – und daß der große Gelehrte sich im Ernstfall dann doch lieber der Autorität des römischen Lehramtes unterwerfen wollte, wurde dabei wohl geflissentlich übersehen.

Doch wie auch immer: zum Freiheitsverständnis Ralf Dahrendorfs gehört die entschiedene Absage an jede ideologische Bindung. Das motivierte ihn, bevorzugt für jene Institutionen der Freiheit zu plädieren, die er »kalte Projekte« nannte und deshalb für wünschenswert hielt, weil sie – im Gegensatz zu allen Ideologien – »keinen Anspruch auf die Herzen und Seelen der Menschen« erheben und also keine abgöttische Verehrung erheischen. »Denn worauf Du Dein Herz setzt, das ist eigentlich Dein Gott« oder eben »Abgott« (Luther). Jene »kalten Projekte« gewähren hingegen Distanz: jene wohltuende Distanz, ohne die es keine Selbstbindung an die Autorität der Freiheit gibt. Man darf hier ungeniert von Autorität reden. Die Liberalität und der Liberalismus Dahrendorfs waren nicht autoritätsfeindlich. Doch es war die Autorität der Freiheit, sie und nur sie, die er hoch gehalten hat mit Gedanken, Worten und Werken.

Der wirklich freie Mensch aber ist und bleibt ein Anfänger. Er bleibt sein Leben lang im Aufbruch: nicht immer und nicht unbedingt zu gänzlich neuen, völlig fremden Ufern, wohl aber zu Möglichkeiten, die in der überlieferten Wirklichkeit als Potentiale zu entdecken sind. Solche Entdeckungen bekräftigen durchaus das Bewährte, wenn sie die noch uneingelösten Verheißungen der Geschichte zu realisieren trachten. Das wollte der Verstorbene. Und wer das versucht, der macht sich immer wieder auf den

Weg, um auch durch Schritte zurück voran zu kommen. Ralf Dahrendorf war ein solcher homo viator.

Sein Freund Fritz Stern hat, als er den englischen Lord im von einem Preußenkönig gestifteten, von den Nazis unterdrückten und von Theodor Heuss neu belebten Orden Pour le mérite öffentlich willkommen hieß, auf gewisse biographische Parallelen zwischen dem ersten Kanzler des Ordens Alexander von Humboldt und diesem neuen Mitglied des Ordens aufmerksam gemacht. Beide waren – wenn auch jeder auf seine ganz eigene Weise – Entdeckungsreisende. Und – so wage ich hinzuzufügen – beide haben sich, wenn sie sich verirrten, mit Parrhesia selber zu korrigieren gewußt. Und sie haben sich auf ihren Entdeckungsreisen keineswegs selber verloren, sondern vielmehr zu sich selbst gefunden.

Und wenn sie zu sich selber fanden, dann wiederum nicht, um das letzte Wort zu haben. Nur Despoten wollen das letzte Wort haben. Die von Hitler Verletzten – wie Vater und Sohn Dahrendorf und wie Fritz Stern – haben das erfahren. Und wer jemals in einer Diktatur leben mußte, der hat es auf seine Weise auch erfahren: letzte Worte sind unmenschliche Worte und deshalb zum Scheitern verurteilt.

Der der Wahrheit verpflichtete Wortwechsel wird vielmehr auch über den Tod hinaus weitergehen, weil – wie es der Tübinger Stiftler Friedrich Hölderlin formuliert hat – »ein Gespräch wir sind«.

In dieser Gewißheit gedenken wir in dieser Stunde des Abschieds des Ehemanns, des Vaters und Großvaters, des Bruders, des Freundes und des Mitmenschen Ralf Dahrendorf: dankbar für geglückte und beglückende Begegnungen, wehmütig im Blick auf versäumte Gelegenheiten, aber getrost und getröstet im Blick auf einen Frieden, der höher ist als alle Vernunft und der dennoch der Freund aller Vernünftigen und vernünftig Werdenden ist.

Der Verstorbene ruhe in solchem Frieden!

Trauerrede für Heidrun Hesse

Johannes 11,25

Verehrte Familie Hesse, liebe Trauergemeinde!
Als Heidrun Hesse hier auf der Insel Föhr konfirmiert wurde, war es ein Wort aus dem Johannes-Evangelium, das sie auf ihrem weiteren Lebensweg begleiten sollte und begleitet hat. Heidrun Hesse hat sich später zwar vom institutionalisierten Christentum entfernt und die verfaßte Kirche verlassen. Aber in den Chorälen der Kirche blieb sie zuhause. Sie hat ihr ganzes Leben lang nicht aufgehört, in den Lobgesang der Glaubenden einzustimmen, mit dem diese ihren Dank, ihr Vertrauen und ihre Hoffnung zum Ausdruck bringen. Und nun soll am Ende ihres irdischen Lebensweges – so hat es Heidrun Hesse ausdrücklich gewünscht – noch einmal jenes Wort aus dem elften Kapitel des Johannes-Evangeliums laut werden, das der Konfirmandin einst von der Kirche zugesprochen wurde. Es gehört zur Geschichte von der Auferweckung des Lazarus, in der Martha, die eine der beiden Schwestern des Toten, der Gewißheit Ausdruck gibt, daß dieser »auferstehen wird am Jüngsten Tage«. Jesus aber spricht zu ihr:

> *Ich bin die Auferstehung und das Leben. Wer an mich glaubt, der wird leben, auch wenn er stirbt.*

Das ist ein Satz voller Verheißung: voller Verheißung nicht nur für die Verstorbene, sondern auch für uns, die wir um sie trauern. Heidrun Hesse hat dieser Verheißung offensichtlich etwas abgewinnen können. Sie wollte sie jedenfalls verstehen und ließ sich eigens einen gelehrten Kommentar kommen, um auf ihrem Krankenlager die Bedeutung der Wahrheit zu erfassen, die uns in diesem Satz gegenüber tritt.

Wer am Ende seines Lebens auf diesen Satz zurückkommt, der rekurriert allerdings nicht nur auf eine Satzwahrheit. Wenn man am Ende seines Lebens auf dieses Wort des johanneischen Christus zurückkommt, dann kehrt man in eine Wahrheit ein, in der man heimisch werden kann und wohl auch daheim sein möchte: durchaus so, wie Heidrun Hesse immer wieder zu dieser ihrer Insel zurückgekehrt ist, dahin, wo sie daheim war.

Ja, es gibt Wahrheiten, die können uns zur Heimat werden. Und wem unser Satz aus dem Johannes-Evangelium zur Wahrheit wird, der beginnt zumindest zu ahnen, daß wahres Leben im Zusammenleben besteht. Das gilt für das Leben in der Natur. Das gilt für das Leben des menschlichen Ich. Und das gilt für das Leben des dreieinigen Gottes, der als Vater, Sohn und Geist eine ewige Gemeinschaft göttlichen Zusammenlebens ist.

Doch wenn der christliche Glaube bekennt, daß in der Person Jesu Christi der ewigreiche Gott einer von uns geworden ist, wahrer Gott und wahrer Mensch in einer Person, dann geht es um ein Zusammenleben ganz besonderer Art. Da gilt nicht: »Gleich zu gleich gesellt sich gern.« Sondern in dieser Person kommen Gottes Leben und unser ach so vergängliches menschliches Leben zusammen, für immer zusammen.

Deshalb begegnet uns in ihm wahres Leben: deshalb, weil in seiner Person Gott und Mensch so zusammenleben, daß unser menschliches Leben mit Gottes göttlichem Leben für Zeit und Ewigkeit zusammenbleiben. Oder um es mit einem der von Heidrun Hesse so geliebten Choräle zu sagen: »Gottheit und Menschheit vereinen sich beide« – nämlich zu einem von nichts und niemandem mehr problematisierbaren Zusammenleben. Selbst »Hölle, Tod und Teufel« können hier nichts mehr problematisieren.

Daß das Leben nur als Zusammenleben zu seiner Wahrheit kommt, das hängt mit dem Beziehungsreichtum zusammen, der das Leben überhaupt erst lebendig macht. Richtig lebendig werden wir erst, wenn wir den Weg zu anderen Personen finden oder sie den Weg zu uns. Wo hingegen Beziehungen zerbrechen, wo ein menschliches Ich nur noch mit sich selbst beschäftigt ist und sich nur noch auf sich selbst bezieht, da verliert die Lebendigkeit des Lebens an Kraft. Und es breitet sich bereits mitten im irdischen Dasein das Ödland des Todes aus.

Um so dankbarer darf ein Mensch sein, wenn er ein beziehungsreiches Leben gelebt hat. Heidrun Hesse hat in ihren letzten Wochen schriftlich festgehalten, wie sehr andere Menschen ihr Leben geprägt haben und wie dankbar sie dafür ist. »Verknüpfungen meines Föhrer Lebens mit meinem späteren Tun«, hat sie ihre Aufzeichnungen überschrieben. Es sind sehr nüchterne und ganz kurze Skizzen. Doch sie gewähren tiefe Einblicke in ein dankbares Herz.

»Allergrößten Respekt« bekundet die Tochter »der Lebensleistung« ihrer Eltern, denen sie bei all ihrer unverwechselbaren eigenen Identität doch wohl ähnlicher war, als sie selber vermutete. Im Elternhaus wurde die Liebe zur Musik geweckt und gepflegt. Und hier hat sie offenbar auch so variantenreich zu lachen gelernt, daß wohl keiner von uns, wenn er an Heidrun Hesse denkt, ihr Lachen je vergessen wird.

Mit Bewegung liest man die Bemerkungen über das Zusammenleben mit dem verstorbenen älteren Bruder und mit der unter uns weilenden jüngeren Schwester Helgard, wobei das gemeinsame Leben sich bevorzugt im Wasser der Nordsee abspielte und hin und wieder wohl auch regelrecht ins Wasser fiel.

Die intensiven Gespräche mit der Schwester haben sie übrigens dazu angeregt, einen schwesterlichen Dialog über den Sinn philosophischer Existenz zu verfassen: einen schwesterlichen Dialog, der sich mit einem antiken Satyrspiel durchaus messen kann. Doch das gilt auch von ihren Aufzeichnungen über die gemeinsamen Abenteuer im Wasser der Nordsee.

Mit ihrer Jolle muß sie jedenfalls regelrechte Kunststücke vollbracht haben: immer hart am Wind – vielleicht eine Einübung in die späteren Bewegungen des Denkens, das (mit Martin Heidegger zu reden) »hart am Winde der Sache« bleibt.

Für die Stringenz des Denkens, aber auch für die Weite der Vernunft muß sie bereits von ihren Gymnasiallehrern begeistert worden sein. Sie erwähnt viele von ihnen mit herzlichem Respekt: wohl wissend, was sie ihnen für die

Kultivierung ihrer ungewöhnlichen Vielseitigkeit einerseits und für die Einübung in die Genauigkeit des Argumentierens andererseits verdankt. Offensichtlich geschah das alles ohne die heute übliche Hast. Notiert sie doch im Rückblick auf ihre Gymnasialzeit: »Die Vielseitigkeit ist ein Geschenk der Langsamkeit – jedenfalls bei mir.« Und gleich danach heißt es im Blick auf ihre Lehrer hier auf der Insel: »Dank kann gar nicht genug abgestattet werden.« Er sollte in dieser Stunde des Abschieds noch einmal laut werden.

Dasselbe gilt auch für die beiden Universitätslehrer, von denen sie besonders angezogen wurde, als sie – nach einem kurzen Intermezzo, mit dem sie die Ihren als »Mädchen von der Tankstelle« überraschte und wohl auch irritierte – von ihrer Insel im hohen Norden Deutschlands in den tiefen Süden wechselte und im Universitätsdorf Tübingen zu studieren begann. Heidrun Hesse nennt »den geliebten Paul Hoffmann« und »den unvergeßlichen Walter Schulz«. Mit beiden hat sie bis zu deren Tod freundschaftlichen Kontakt gehalten. Und beide müssen sie irgendwie an ihre Insel erinnert haben: der Philosoph Walter Schulz wohl eher an das dem Auge undurchdringlich erscheinende Ineinanderfließen von Wasser und Wolken am fernen Horizont; der Germanist Paul Hoffmann hingegen wohl eher an die nur schwer beschreibbaren Farbenspiele, die die untergehende Sonne am Meer von Zeit zu Zeit hervorzuzaubern vermag.

Heidrun Hesse hat sich von ihrem Krankenlager, wann immer es möglich war, an den Strand fahren lassen, um beides anzuschauen: die die Weite des Horizontes noch einmal erweiternde Abendsonne und das Ineinander von Wolken und Wasser, von oben und unten. Was von beidem sie mehr faszinierte, bleibt ihr Geheimnis – es sei denn, sie hätte es einem der sie bis zuletzt so treu begleitenden Freunde verraten.

Paul Hoffmann, der im Tübinger Hölderlinturm gern den Dichtern der jüngsten Generation den Weg bahnen half, er kannte wie nur wenige den unvergleichlichen Dichter, der im Turm alt geworden ist. Der so geliebte Lehrer wußte also und ließ es andere wissen: »Wenn aber ein Gott erscheint auf Himmel und Erd' und Meer, kömmt allerneuende Klarheit.«

Allerneuende Klarheit – danach hat sich Heidrun Hesse gesehnt. Daß sie einmal kommt, das hat sie gehofft. Und mit ihrer philosophischen Existenz hat sie zumindest für die irdischen Gleichnisse dieser claritas, die das bleibend Neue mit sich bringt, Zeugnis abgelegt. Ich habe unter den hochgelehrten und überaus scharfsinnigen Professoren nur wenige erlebt, die mit Heidrun Hesses Vermögen zu erfrischender Klarheit konkurrieren konnten.

Vermutlich gedeiht ein solches Vermögen vor allem da, wo man auch um die dunklen und selbst dem hellsten Verstand unentwirrbaren Seiten des Lebens weiß. Dann erst ahnt man, daß es eine alle menschliche Vernunft übersteigende allerneuende Klarheit gibt, die sich jenem Frieden verdankt, der höher ist als alle Vernunft und derselben dennoch nicht feindlich ist.

Dieser Friede ereignet sich da, wo Gottes Leben und unser Leben zusammen kommen, weil der ewigreiche Gott sein Leben mit uns sterblichen Menschen teilen will.

Niemand sollte bestreiten, daß das ein Wunder ist. Niemand sollte aber eben deshalb, weil es ein Wunder ist, behaupten, daß das unmöglich ist. In ihren letzten Aufzeichnungen zitiert Heidrun Hesse einen Satz Ben Gurions: »Wer nicht an Wunder glaubt, ist kein Realist.«

Wir nehmen Abschied von einer Realistin besonderer Art. Und wir empfehlen sie der Liebe dessen, der mit uns ewig zusammen bleiben will. Er sei ihr, Heidrun Hesse, und uns allen gnädig. Amen.

Verzeichnis der Predigttexte in den Bänden I bis VII

Lieferbare Radius-Bücher. Eine Auswahl

Martin Bauschke: Abraham und Aschenputtel
Brückenschlag zwischen Bibel und Märchen
Begrich/Uhle-Wettler (Hg.): Vergessene Texte 1-4. Assoziationen
Bd. 1: Mit den fünf Büchern Mose durch das Kirchenjahr
Bd. 2: Mit den Propheten durch das Kirchenjahr
Bd. 3: Mit den Psalmen durch das Kirchenjahr
Bd. 4: Mit den Apokryphen durch das Kirchenjahr
Peter Bichsel: Möchten Sie Mozart gewesen sein?
Christoph Dinkel (Hg.): Im Namen Gottes
Bd. 1: Kanzelreden zur 1. Predigtreihe
Bd. 2: Kanzelreden zur 2. Predigtreihe
Wolfgang Erk (Hg.): Für diesen Tag und für alle Tage
Deines Lebens. Ein Brevier
Wolfgang Erk (Hg.): Literarisches Geburtstagsbuch
Für heute und morgen. Immerwährender Kalender
Wolfgang Erk (Hg.): Viele gute Wünsche. Literarische Annäherungen
Traugott Giesen: Tage - Jahre - Leben. Neue Kolumnen
Johannes Hamel: Echt und aus Vollmacht
Peter Härtling: Dorther. Reisen aus dem Gedächtnis
Johannes Hempel: Evangelisches Christsein
Kernpunkte - Erläuterungen - Impulse
Klaus-Peter Hertzsch: Chancen des Alters. Sieben Thesen
Klaus-Peter Hertzsch: Der ganze Fisch war voll Gesang
Klaus-Peter Hertzsch: Laß uns vorwärts in die Weite sehn
Texte zu meiner Biographie
Klaus-Peter Hertzsch: Sag meinen Kindern, dass sie weiterziehn
Erinnerungen
Walter Jens: Das A und das O. Die Offenbarung
Walter Jens: Der Römerbrief
Walter Jens: Die vier Evangelien
Walter Jens: Der Teufel lebt nicht mehr, mein Herr!
Erdachte Monologe - Imaginäre Gespräche
Klaus-Peter Jörns: Glaubwürdig von Gott reden
Gründe für eine theologische Kritik der Bibel
Otto Kaiser: Das Buch Hiob. Übersetzt und eingeleitet
Otto Kaiser: Kohelet. Das Buch des Predigers Salomo
Otto Kaiser: Weisheit für das Leben. Das Buch Jesus Sirach
Otto Kaiser: Weihnachten im Osterlicht
Eine biblische Einführung in den christlichen Glauben
Werner Krusche: Ich werde nie mehr Geige spielen können
Erinnerungen
Reiner Kunze: Bleibt nur die eigne Stirn. Ausgewählte Reden
Matthias Loerbroks (Hg.): Ein Jahr mit Paul Gerhardt
30 Lied-Predigten

Gerd Lüdemann: Das Judas-Evangelium und das Evangelium nach
Maria. Zwei gnostische Schriften a.d. Frühzeit des Christentums
Gerd Lüdemann/Martina Janßen: Bibel der Häretiker. Nag Hammadi
Henning Luther: Frech achtet die Liebe das Kleine
Spätmoderne Predigten
Henning Luther: Religion und Alltag
Bausteine zu einer Praktischen Theologie
Kurt Marti: DU. Rühmungen
Kurt Marti: Fromme Geschichten
Kurt Marti: geduld und revolte. die gedichte am rand
Kurt Marti: Die gesellige Gottheit. Ein Diskurs
Kurt Marti: Gott im Diesseits. Versuche zu verstehen
Kurt Marti: Prediger Salomo. Weisheit inmitten der Globalisierung
Kurt Marti: Die Psalmen. Annäherungen
Kurt Marti: Schöpfungsglaube. Die Ökologie Gottes
Kurt Marti: Ungrund Liebe. Wünsche - Klagen - Lieder
Gerhard Marcel Martin: Das Thomas-Evangelium
Gerhard Marcel Martin: Was es heißt: Theologie treiben
Elisabeth Moltmann-Wendel: Gib die Dinge der Jugend
mit Grazie auf. Texte zur Lebenskunst
Gottfried Orth: Wie im Himmel so auf Erden
Das Vater unser heute beten und verstehen
Gert Otto: Tod und Trauer brauchen Sprache
Karl-Heinz Ronecker: Mit Literatur predigen
Martin Scharpe (Hg.): Erdichtet und erzählt I und II
Das Alte / Das Neue Testament in der Literatur
Henning Scherf: Gast bei fremden Freunden
Wieland Schmied: Lust am Widerspruch. Biographisches
Wieland Schmied: Bilder zur Bibel
Maler aus sieben Jahrhunderten erzählen das Leben Jesu
Wieland Schmied: Von der Schöpfung zur Apokalypse
Bilder zum Alten Testament und zur Offenbarung
Friedrich Schorlemmer: Die Weite des Denkens und die Nähe zu
den Verlorenen. Einlassungen auf Texte des Evangelisten Lukas
Fulbert Steffensky: Mut zur Endlichkeit
Sterben in einer Gesellschaft der Sieger
Fulbert Steffensky: Schöne Aussichten
Einlassungen auf biblische Texte
Fulbert Steffensky: Schwarzbrot-Spiritualität
Fulbert Steffensky: Wo der Glaube wohnen kann
Hanna Wolff: Jesus als Psychotherapeut. Jesu Menschen-
behandlung als Modell moderner Psychotherapie

Radius-Verlag · Alexanderstraße 162 · 70180 Stuttgart
Fon 0711.607 66 66 Fax 0711.607 55 55
www.Radius-Verlag.de e-Mail: info@radius-verlag.de